UN ÁNGEL REBELDE SE APODERÓ DE SU REINO.
PERO ÉL LO ESTÁ RECUPERANDO.

REY de GLORIA

TOMADO DE
LAS SAGRADAS ESCRITURAS

RELATADO POR
P. D. BRAMSEN

ILUSTRADO POR
ARMINDA SAN MARTÍN

PORTAVOZ

La misión de Editorial Portavoz consiste en proporcionar productos de calidad —con integridad y excelencia—, desde una perspectiva bíblica y confiable, que animen a las personas a conocer y servir a Jesucristo.

Título del original: *King of Glory* © 2012 por ROCK International, P.O. Box 4766, Greenville, SC 29608. Todos los derechos reservados. Traducido con permiso.

Edición en castellano: *Rey de gloria* © 2013 por Editorial Portavoz, filial de Kregel Publications, Grand Rapids, Michigan 49501. Todos los derechos reservados.

Traducción: Emily R. Knott

Sobre el autor: Paul Dan Bramsen nació en California. Él y su esposa criaron a sus tres hijos en Senegal, África Occidental, una nación de mayoría musulmana que se encuentra en la frontera con el Sahara. Bramsen escribe para un público internacional, creando recursos que relatan las historias de los profetas bíblicos en orden cronológico. Sus escritos incluyen *The Way of Righteousness* [El camino de la justicia] (una serie de cien programas de radio emitidos en unos cien idiomas), y *Un Dios, Un mensaje* (un libro traducido a 12 idiomas, diseñado para ayudar a los escépticos buscadores de la verdad para que superen sus obstáculos y entren en una comprensión clara de la historia y el mensaje de Dios). Los escritos de Bramsen fluyen de su pasión por las Escrituras y de su amor por Dios y por las personas. Para contactar con él, puedes escribirle a: pb@rockintl.org.

Sobre la artista: Arminda San Martín, de Argentina, escribe: "Dibujo desde que tengo memoria. Después de un paréntesis para dedicarme a mis hijos y a mi esposo, reinicié mi carrera tras titularme en Bellas Artes. Trabajé intensamente, exploré técnicas diferentes en mi propio país y también en Nueva York, donde viví varios años en la década de 1990. Al regresar a Argentina, tuve la oportunidad de desarrollar una carrera profesional creando ilustraciones para muchos libros, en su mayoría relacionados con la naturaleza y temas espirituales. Todas las habilidades que Dios me ha dado se han revertido en la recreación de las ilustraciones de *Rey de gloria*. Para mí, este proyecto es un sueño hecho realidad, una ocasión única. No puedo agradecerle lo suficiente al Señor por esta oportunidad. También le estoy agradecida a Paul Bramsen, que no solo es un escritor inspirado, sino también un editor espléndido. Doy gracias a Dios por su conocimiento y su orientación constante para alcanzar este resultado final". Arminda trabaja como ilustradora para varias casas editoriales. Para contactar con ella, puedes escribirle a: armisanmartin@yahoo.com.ar.

EDITORIAL PORTAVOZ
P.O. Box 2607
Grand Rapids, Michigan 49501 USA
Visítenos en: www.portavoz.com

ISBN 978-0-8254-1952-2

1 2 3 4 5 / 17 16 15 14 13

Impreso en los Estados Unidos de América
Printed in the United States of America

PARA LA GLORIA DEL REY
Y LA BENDICIÓN DE LOS NIÑOS
DE TODAS LAS EDADES
EN TODAS LAS NACIONES

*"¿Peligroso? ¿Quién ha dicho que no sea peligroso?
Por supuesto que es peligroso. Pero es bueno.
Es el rey, ya os lo he dicho".*

—*EL LEÓN, LA BRUJA Y EL ARMARIO* POR C. S. LEWIS

SELECCIÓN DE ESCENAS

*" **A**licia empezaba ya a cansarse de estar sentada con su hermana a la orilla del río, sin tener nada que hacer; había echado un par de ojeadas al libro que su hermana estaba leyendo, pero no tenía dibujos ni diálogos. '¿Y de qué sirve un libro sin dibujos ni diálogos?', se preguntaba Alicia".*

—Primeras frases de *Las aventuras de Alicia en el país de las maravillas*, por Lewis Carroll, 1865

El libro que estás a punto de leer está lleno de dibujos y diálogos, pero a diferencia de la clásica historia fantástica de *Alicia en el país de las maravillas*,[1] los dibujos y los diálogos de *Rey de gloria* fluyen de una historia que realmente sucedió.[2]

No fue sin cierta vacilación que decidí producir un libro ilustrado sobre la historia más grande jamás contada.

Hace años, mientras vivía en África occidental, hice un curso de producción de programas de radio. El primer día de clase, el profesor nos preguntó: "¿Cuál es una de las mayores ventajas que tiene la radio respecto a la televisión?". Su respuesta nos sorprendió.

"Ofrece una mejor imagen".

Cierto.

Hasta las películas de alto presupuesto que son un éxito de taquilla luchan por reproducir la capacidad de la mente humana de traducir palabras sencillas en vívidas imágenes mentales. Las antiguas Escrituras de los profetas dibujan cientos de imágenes verbales que ninguna película lograría representar de modo satisfactorio, y que ningún artista podría ilustrar completamente.

Así que lo admito. No existe obra artística que pueda representar a la perfección la mejor historia de todos los tiempos. Pero aún así, ha sido divertido intentarlo.

Arminda San Martín, nuestra talentosa y gentil artista de Argentina, ha hecho un trabajo asombroso y preciso de traducir las historias bíblicas de las palabras a la pintura. Con pluma y pincel digitales, Arminda terminó los bocetos preliminares y los cuadros finales en solo catorce meses. Espero que estés tan emocionado con su trabajo como yo.

Ahora piensa en lo siguiente.

Cuando leemos un libro, ¿por dónde empezamos? ¿Por la mitad? No, empezamos por el principio. Solo así entenderemos la historia. De la misma manera, para entender las Escrituras, debemos empezar por el principio de la historia y continuar hasta su final lógico y satisfactorio.

Los escritos de los profetas contienen cientos de historias cortas que juntas forman una sola historia. Mientras escribía *Rey de gloria*, me sentía como un florista encargado de entrar en un gran jardín de innumerables flores, escoger unas pocas docenas y preparar un solo ramo que mostrara la gloria del jardín entero. Para este libro, he seleccionado unas pocas docenas de historias claves de las Escrituras y las he organizado en un drama de 70 escenas, en un intento por mostrar la gloria del Rey eterno que se ha revelado en la historia humana.

Mi oración a Dios es que la presentación y narración de esta historia real inspire a públicos de todas las edades a deleitarse en los escritos de los profetas, enamorarse de Aquel de quien hablan y unirse al reino feliz que nunca tendrá fin.

Por una imagen clara,

Paul D. Bramsen

Inicio

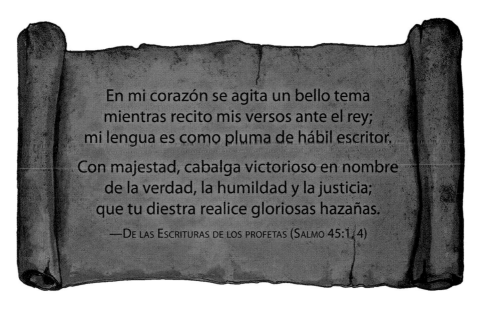

En mi corazón se agita un bello tema
mientras recito mis versos ante el rey;
mi lengua es como pluma de hábil escritor.

Con majestad, cabalga victorioso en nombre
de la verdad, la humildad y la justicia;
que tu diestra realice gloriosas hazañas.

—De las Escrituras de los profetas (Salmo 45:1, 4)

Escena 1
El Rey y su reino

Hace mucho, mucho tiempo, antes del principio del mundo, había un rey: el Rey de gloria.

Este rey era mucho más grande y muy superior a cualquier persona o cosa que tú y yo pudiéramos imaginar. En la infinitud de la eternidad, Él era el único Rey y su reino era el único reino, un mundo de sabiduría, amor, gozo y paz perfectos. El reino no tenía necesidad de sol ni de estrellas porque el Rey mismo era su luz.

Aunque el reino no conocía límites en cuanto a su tamaño, sí tenía límites en cuanto a sus súbditos. Algunos dicen que el Rey no tenía súbditos.

¿O sí?

Uno de los primeros misterios de este Rey era que incluso cuando solo existía Él, nunca estaba solo.

Aún así, quiso compartir su vida con otros seres inteligentes.

De modo que este Rey bueno y sabio hizo una esfera celestial con millones de seres espirituales resplandecientes y súper inteligentes llamados ángeles. Los conocía a todos por nombre y quería que ellos a su vez le conocieran a Él. La vida junto al Rey era una aventura sin fin.

Pero el Rey quería algo más que ángeles, así que creó un reino de tiempo, espacio y materia: un universo deslumbrante con un planeta luminoso que se convertiría en el hogar de una comunidad de criaturas asombrosas llamadas humanos.

A diferencia de los ángeles, la familia humana empezó con tan solo dos seres, un hombre y una mujer. De la misma manera que con los ángeles, el Rey quería compartir su vida con ellos también.

Pero algo ocurrió, algo terrible. Hubo una rebelión en el reino: primero en el cielo, y luego en la tierra.

Un ángel rebelde se apoderó del reino de la tierra al capturar a los humanos. Pero al Rey no le pilló desprevenido.

En lo profundo del corazón del Rey, había un plan de rescate tan grande, tan misterioso, tan insólito, de tanto alcance que tardaría miles y miles de años en llevarlo a cabo.

¿Qué otra cosa esperarías del Rey de la eternidad?

Él vive por encima del tiempo.

ESCENA 2
EL REY Y SUS PROFETAS

Para conocer al Rey y su plan,
debes conocer su libro.

A través de más de 15 siglos, el Rey escogió a unas 40 personas
para registrar su historia y mensaje. Esas personas se llamaban
profetas. Él les dio sus palabras, y ellos las escribieron en manuscritos
que fueron copiados, transmitidos y conservados para las futuras
generaciones. Aunque muchos profetas nunca se conocieron entre
ellos, sus escritos relatan una historia y un mensaje coherentes.

Los escritos de los profetas se llaman las Sagradas Escrituras. Sin
las Escrituras, solo podríamos hacer conjeturas acerca de por
qué estamos aquí, de dónde venimos y hacia dónde vamos. Para
conocer las respuestas correctas, necesitamos el libro del Rey.

Hace unos 3500 años, el Rey inspiró a un profeta llamado Moisés para escribir:

> No sólo de pan vive el hombre, sino de todo lo que
> sale de la boca del SEÑOR (Deuteronomio 8:3).

Hoy, las palabras del Rey están recopiladas en un solo libro, la
Santa Biblia. Santa significa *pura* o *separada de todo lo demás*. Biblia
significa *libro* o *colección de libros*. La Biblia es el libro más vendido
y traducido del mundo. Miles de manuscritos de papiro y de cuero
muestran que es el texto mejor preservado de la antigüedad.[3]

Las Escrituras tienen dos partes principales.

La primera parte es el Antiguo Testamento (Tora, Salmos, etc.),
donde el Rey predice su plan.

La segunda parte es el Nuevo Testamento (Evangelios, Hechos, etc.),
donde el Rey cumple su plan.

Testamento significa *pacto*, *contrato* o *acuerdo*. El Antiguo Testamento predice
lo que Dios planeaba hacer. El Nuevo Testamento registra el cumplimiento
de su plan. Solo Él puede escribir la historia antes de que suceda.

La diferencia entre el Antiguo y el Nuevo Testamento es
la misma que hay entre recibir cartas y fotos de un gran
rey, y que ese mismo rey te visite en persona.

Las Escrituras llegaron primero a Oriente Medio, África, Asia y Europa, y
después a las Américas y más allá. Los profetas eran de Oriente Medio, pero la
historia y el mensaje que escribieron es para cada nación, familia y persona.

Es para ti.

ESCENA 3
EL REY Y SU UNIVERSO

Si pudiéramos viajar hacia atrás en el tiempo y el espacio,

　　　　atrás,

　　atrás,

　　muy atrás,

antes de que hubiera personas, planetas o estrellas, podríamos ser testigos del poder y de la gloria detrás de las primeras palabras de las Escrituras:

> Dios, en el principio, creó los cielos y la tierra (Génesis 1:1).

Hoy día, muchas personas piensan que el mundo y sus maravillas llegaron a existir al margen de un Creador que todo lo sabe. Sin embargo, las teorías de estas personas no explican adecuadamente el diseño complejo y el orden predecible del universo.

En su libro, el Rey dice:

> Los cielos cuentan la gloria de Dios, el firmamento
> proclama la obra de sus manos (Salmo 19:1).

Hablando de manos, mira las tuyas. Mueve los pulgares, intenta sujetar un libro, una escoba o un martillo sin ellos. Fíjate en las uñas, en las articulaciones y en la piel. Piensa en algunas cosas importantes que haces con tus manos. ¿Quién, si no un maestro artesano, podría diseñar herramientas como estas?

¿Qué clase de sabiduría y poder se requeriría para crear un billón de galaxias? ¿O formar una célula viva con sus millones de partes complejas? ¿O tejer los hilos microscópicos de la célula con los códigos genéticos que hacen que tú seas *tú*?

Hace unos tres mil años, un profeta y rey llamado David escribió:

> Me hiciste en el vientre de mi madre. Te alabaré, porque
> formidables y maravillosas son tus obras (Salmo 139:13-14 RVR-1995).

¿Te gustaría conocer a Aquel que te formó? ¿Te gustaría vivir para siempre con el Hacedor y Dueño de las galaxias? Puedes hacerlo. Él se ha revelado. Quiere que le conozcas. Quiere que tu familia y tus vecinos le conozcan también. Te invita a entender su plan, experimentar su amor, contemplar su majestad, someterte a su gobierno y vivir para su gloria. Pero no te obligará a ser su súbdito.

A fin de cuentas, Él no solo es *un* rey, es *el* Rey. *El Rey de gloria*.

Esta es su historia.

Parte 1

EL REY PREDICE SU PLAN
—Antiguo Testamento—

ESCENA 4
EL PRIMER DÍA

El libro de Dios comienza de una manera digna de un rey. Nos dice lo que quiere que sepamos y nada más.

Dios, en el principio, creó los cielos y la tierra (Génesis 1:1).

Todo lo que podemos ver y tocar tiene un principio, pero el Creador-Dueño del universo no tiene principio ni fin. Él es el invisible y eterno Espíritu que puede estar en todo lugar en todo momento. Él ve y conoce todo.

¿Sabes cómo se llama? Dios tiene muchos nombres, pero el más famoso es el SEÑOR. En el idioma original de su libro, su nombre es *Yahveh*, que significa *Aquel que ES* o sencillamente, el *YO SOY*.

La historia de la creación continúa con la descripción que hace el Rey de la tierra primitiva.

La tierra no tenía forma y estaba vacía, y la oscuridad cubría las aguas profundas; y el Espíritu de Dios se movía en el aire sobre la superficie de las aguas (Génesis 1:2 NTV).

Era el momento de preparar el planeta para las personas.

Dios dijo: "Que haya luz"; y hubo luz.

Y Dios vio que la luz era buena. Luego separó la luz de la oscuridad. Dios llamó a la luz "día" y a la oscuridad "noche" (Génesis 1:3-5 NTV).

¿Qué hizo el primer día de la creación? Ordenó que la luz atravesara las tinieblas. Más tarde, el sol brillaría sobre la tierra, pero no el primer día. Dios quiere que sepamos que Él es el Origen de la luz.

Dios es luz y en él no hay ninguna oscuridad (1 Juan 1:5).

Dios es puro, como la luz. No puede ser contaminado. Incluso cuando la luz brilla sobre cosas muy sucias, sigue siendo pura. Dios es perfecto. Dios es santo.

¿Observaste quién estaba con Dios en la escena de la creación? Su Espíritu Santo estaba allí, moviéndose sobre las aguas. Su Verbo también estaba allí, hablando.

En el principio ya existía el Verbo, y el Verbo estaba con Dios, y el Verbo era Dios. Él estaba con Dios en el principio. Por medio de él todas las cosas fueron creadas… (Juan 1:1-3).

El Espíritu Santo y el Verbo siempre han estado con el único Dios verdadero. Por eso, puede decirse del rey que:

Incluso cuando solo Él existía, nunca estaba solo.

Escena 5
Un mundo perfecto

En seis días ordenados, el Rey creó un mundo hermoso y fenomenal. Simplemente habló, y aparecieron maravillas perfectamente diseñadas.

El primer día, Dios dijo: "¡Que haya luz!" y hubo luz.

El segundo día, hizo la atmósfera de la Tierra, con el cielo azul que vemos y el aire invisible que respiramos. Dios diseñó el cielo con una mezcla perfecta de gases que sustentan la vida, como el oxígeno y el nitrógeno.

El tercer día, Dios dijo: "¡Aparezca la tierra seca!", y así fue. Después dijo: "¡Que la tierra produzca vegetación!". Al instante, hierba, plantas, flores y frutas empezaron a crecer, cada una con su propia semilla.

El cuarto día, Dios mandó que el sol y la luna brillaran, y que indicaran los años, los meses y los días de la Tierra. También hizo las estrellas.

El quinto día, Dios dijo: "¡Que las aguas se colmen de peces y de otras formas de vida! ¡Que los cielos se llenen de aves de toda clase!", y así sucedió.

El sexto día, Dios dijo: "¡Que la tierra produzca toda clase de animales, que cada uno produzca crías de la misma especie: animales domésticos, animales pequeños que corran por el suelo y animales salvajes!". Dios hizo a cada ser viviente con la capacidad de reproducirse según su misma yoespecie y de cuidar de su prole.

Y vio Dios que era bueno (Génesis 1:25 RVR-95).

Reinaba la paz. En el principio, todos los animales eran dóciles. No se mataban ni se comían entre ellos. Las plantas proporcionaban el alimento.

Reinaba el orden. Funcionando como un reloj, el sol se mantendría a la distancia correcta de la Tierra. La luna cambiaría de luna nueva a luna llena. La Tierra reciclaría su aire, agua y desechos. Bien gobernado, al reino de la Tierra jamás le faltaría ninguna cosa buena. Sería el hogar ideal para la humanidad.

Cada día de la creación nos da una pista de cómo es Dios.[4]

Día 1. Nos muestra que Dios es *santo*. Es perfecto y puro, como la luz.
Día 2. Dios es *todopoderoso*. Hizo y sustenta a la atmósfera.
Día 3. Dios es *bueno*. Creó miles de plantas y alimentos para nosotros.
Día 4. Dios es *fiel*. El sol y la luna permanecen en sus órbitas.
Día 5. Dios es *vida*. Puso los peces en el mar y las aves en el cielo.
Día 6. Dios es *amor*. Después de crear a los animales, había llegado el momento de formar a las criaturas sobre las que derramaría su amor.

Era tiempo de crear a los seres especiales que podrían reflejar su santidad, poder, bondad, fidelidad, vida y amor.

Escena 6
El primer hombre

El sexto día de la creación, el Rey conversó consigo mismo (Dios, su Santo Espíritu, y su Verbo) y dijo:

> Hagamos al ser humano a nuestra imagen y semejanza.[5] Que tenga dominio sobre… la tierra… y… los seres vivientes…
>
> Y Dios creó al ser humano a su imagen; lo creó a imagen de Dios. Hombre y mujer los creó (Génesis 1:26-30).

Cuando las Escrituras dicen que creó a las personas a su propia imagen, no significa que Dios es como nosotros, sino que debemos reflejar su naturaleza y personalidad. Así como las monedas romanas llevaban grabada la imagen del emperador, la humanidad lleva grabada la imagen de Dios. El primer hombre y la primera mujer fueron creados con la capacidad de pensar, amar y hablar como su Creador, para que pudieran disfrutar de una relación cercana con Él. Las personas no fueron hechas para ser esclavas de Dios, sino sus amigas.

Al crear a los humanos a su propia semejanza, Dios les dio dominio. Las personas debían cuidar y gobernar la tierra para Dios, descubriendo sus secretos y usando sus recursos sabiamente. Esas capacidades distinguían a la humanidad del reino animal.

A los animales, Dios les dio dos dimensiones: cuerpo y alma. A los seres humanos, Dios les dio tres: cuerpo, alma y espíritu.

> Y Dios el Señor formó al hombre del polvo de la tierra, y sopló en su nariz hálito de vida, y el hombre se convirtió en un ser viviente (Génesis 2:7).

El cuerpo era simplemente la casa, o tienda, en la que Dios sopló el alma y el espíritu del hombre.

El alma era el intelecto, las emociones y la voluntad del hombre, que hacían posible que el hombre pensara, sintiera y escogiera.

El espíritu conectaba al hombre con Dios. Mientras que el cuerpo equipaba al hombre para conectarse con el mundo visible, el espíritu lo equipaba para conectarse con el Dios invisible. El Señor quería que los humanos le conociesen.

Las personas serían el tesoro especial de Dios. Puesto que Dios les había hecho, no era solamente su Creador, sino también su Dueño.

Dios el Señor llamó al primer hombre Adán, que significa *de la tierra*, o sencillamente *hombre*. Más adelante, Dios formaría a la primera mujer, pero antes había que llevar a cabo algunos preparativos.

Adán necesitaba un hogar y un trabajo.

ESCENA 7

UN HOGAR PERFECTO

Después de formar el primer cuerpo humano[6] del polvo de la tierra y soplar vida en él, Dios plantó un huerto en Edén, en algún lugar del Oriente Medio.

Un río cristalino fluía a través del huerto.

> Dios el SEÑOR hizo que creciera toda clase de árboles hermosos, los cuales daban frutos buenos y apetecibles. En medio del jardín hizo crecer el árbol de la vida y también el árbol del conocimiento del bien y del mal.

> Dios el SEÑOR tomó al hombre y lo puso en el jardín del Edén para que lo cultivara y lo cuidara (Génesis 2:9, 15).

Dios el SEÑOR no le preguntó a Adán si quería vivir en Edén. Dios era el Creador y Dueño del hombre, sabía lo que era mejor para el hombre.

El hogar de Adán estaba lleno de deleites inagotables: cosas para ver, oír, oler, tocar y saborear. Arroyos cristalinos, pájaros cantores, flores fragantes, criaturas peludas, frutas jugosas, verduras crujientes, bayas dulces, bosques misteriosos, rocas coloridas, bichos fascinantes y billones de otras maravillas esperando para ser descubiertas.

Sin embargo, el hombre fue hecho para algo más que explorar y comer. Dios hizo a Adán para ser la cabeza de la raza humana. Dios quería que Adán y su familia reinaran con Él para siempre. Pero solamente aquellos a quienes se les puede confiar tareas pequeñas pueden encargarse de tareas grandes.

Así que Dios le dio a Adán su primer trabajo: cuidar del huerto.

Este huerto era un lugar perfecto. No tenía espinos, maleza ni insectos malos. El clima era ideal y la tierra era fértil, aunque jamás llovía. En cambio, un vapor subía de la tierra y regaba el suelo.

Dios también le dio otro trabajo a Adán: poner nombres a los animales.

El SEÑOR le trajo las criaturas para ver qué nombres les pondría. Imagina la escena. Se acercan a galope dos animales con crines largas y sueltas, y piernas poderosas. Adán los observa detenidamente, acaricia sus espaldas y los llama *caballos*. En respuesta a la llamada del Creador, un ave enorme con pico ganchudo y alas extendidas desciende en picado. "¡Águila!" dice Adán. Después, pasa una fiera con pelaje naranja y rayas negras. ¿Cómo crees que lo llamó?

> Así el hombre fue poniéndoles nombre a todos los animales domésticos, a todas las aves del cielo y a todos los animales del campo (Génesis 2:20).

El Edén era el lugar perfecto para que el hombre conociera a su Creador.

Había llegado el momento de ponerle una prueba a Adán.

Escena 8
La ley del pecado y de la muerte

Desde el principio, Dios y el hombre eran amigos, pero era necesario probar esa amistad. El Rey del universo no poblaría su reino de súbditos que estuvieran obligados a someterse a Él.

Dios amaba a Adán y tenía planes asombrosos para él y su futura familia. Puesto que Dios quería personas, no marionetas, le dio una norma para obedecer.

> Dios el Señor tomó al hombre y lo puso en el jardín del Edén para que lo cultivara y lo cuidara, y le dio este mandato: "Puedes comer de todos los árboles del jardín, pero del árbol del conocimiento del bien y del mal no deberás comer. El día que de él comas, ciertamente morirás" (Génesis 2:15-17).

No era un mandamiento difícil. Adán podía comer de todos los frutos del huerto, *excepto uno*. Al obedecer esta norma sencilla, Adán demostraría que confiaba en que su Creador sabía lo que era mejor para él.

¿Qué dijo Dios que le pasaría a Adán si quebrantaba esta norma?

¿Le dijo Dios que si comía el fruto prohibido debía empezar a hacer ritos religiosos, usar rosarios, ayunar, dar limosnas, ir a una iglesia, sinagoga, mezquita o templo, y tratar de hacer las suficientes buenas obras como para compensar las malas? ¿Eso fue lo que dijo Dios?

No, no fue lo que dijo.

Dios le dijo a Adán: "El día que de él comas, ciertamente *morirás*".

Desobedecer la ley de Dios se llama *pecado*.
El castigo por quebrantar la norma de Dios sería la *muerte*.
En su libro, el Rey llama a esto "la ley del pecado y de la muerte" (Romanos 8:2).

La ley del Rey dice que el pecado debe castigarse con la muerte.

La muerte significa *separación*. Si Adán desobedecía esa única norma de Dios, llegaría a ser como una rama rota que empieza a marchitarse y a morirse en el instante en que se separa de su fuente de vida.

Si Adán decidía hacer lo que él quería, en vez de lo que el Rey del universo le había dicho que hiciera, eso sería un acto de rebelión; sería *pecado*.

El pecado pondría fin a la amistad del hombre con Dios.
El pecado haría que el cuerpo del hombre envejeciera y muriera.
El pecado separaría el espíritu, el alma y el cuerpo del hombre, de Dios para siempre.

El pecado es mortal.

ESCENA 9
LA PRIMERA MUJER

Después de darle al primer hombre un trabajo que hacer y una norma que obedecer, había llegado el momento de que Dios formara a la primera mujer.

Luego Dios el SEÑOR dijo: "No es bueno que el hombre esté solo. Voy a hacerle una ayuda adecuada".

Entonces, Dios el SEÑOR hizo que el hombre cayera en un sueño profundo y, mientras éste dormía, le sacó una costilla y le cerró la herida. De la costilla que le había quitado al hombre, Dios el SEÑOR hizo una mujer y se la presentó al hombre, el cual exclamó:

"Ésta sí es hueso de mis huesos
y carne de mi carne.
Se llamará 'mujer'
porque del hombre fue sacada" (Génesis 2:18, 21-23).

¿Has observado quién hizo la primera cirugía y quién concertó el primer matrimonio? Sí, fue Dios.

Mujer significa *tomada del hombre*. Más tarde, Adán llamó a su esposa Eva, que significa *madre de todos*. Aunque Dios les dio papeles diferentes, hizo al hombre y a la mujer iguales en valor. Igual que Adán, Eva fue creada a imagen de Dios. Ella también fue hecha para conocer a su Creador-Dueño, reflejar su personalidad y disfrutar una relación feliz con Él para siempre.

Dios miró todo lo que había hecho, y consideró que era muy bueno. Y vino la noche, y llegó la mañana: ése fue el sexto día.

Al llegar el séptimo día, Dios descansó porque había terminado la obra que había emprendido (Génesis 1:31; 2:2).

¿Por qué descansó Dios el séptimo día? Porque su trabajo había terminado. Además, al crear nuestro mundo en seis días y descansar el séptimo, estableció la semana de siete días: un ciclo de trabajo y descanso que aún se practica en todo el mundo.

El SEÑOR cuidaba de Adán y de Eva como un padre sabio y amoroso. Cada atardecer, venía al huerto para caminar y hablar con ellos. Ellos se sentían felices y cómodos en su presencia.

Estaban ambos desnudos, Adán y su mujer,
pero no se avergonzaban (Génesis 2:25 RVR-95).

Imagina un mundo perfecto, habitado por una pareja perfecta en estrecha amistad con su Creador perfecto. Así eran las cosas al principio.

¿Qué falló?

Escena 10
El reino de la luz

A ntes de descubrir lo que falló en la tierra, necesitamos entender algunas cosas sobre el cielo.

Este otro mundo, también llamado el paraíso, es un lugar de luz pura, colores fascinantes, música emocionante, conversación que satisface y misterios revelados. Las actividades más sencillas del cielo sobrepasan los placeres más grandes de la tierra. El cielo es otra dimensión.

Es el hogar del Rey.

El mayor atractivo de este lugar feliz es el Rey mismo. Cada rincón de la ciudad celestial está diseñado para reflejar su majestad.

> La ciudad era de oro puro, semejante a cristal pulido (Apocalipsis 21:18).

La descripción más detallada del cielo se registra en el último libro de las Escrituras, *el Apocalipsis*. Dios permitió que el profeta Juan echara una mirada al cielo y le dijo que escribiera lo que veía.

> Vi un trono en el cielo, y a alguien sentado en el trono… Alrededor del trono había un arco iris que se asemejaba a una esmeralda… Del trono salían relámpagos, estruendos y truenos. Delante del trono… había algo parecido a un mar de vidrio, como de cristal transparente.

> Luego miré, y oí la voz de muchos ángeles que estaban alrededor del trono… El número de ellos era millares de millares y millones de millones…

> Repetían sin cesar: "Santo, santo, santo es el Señor Dios Todopoderoso, el que era y que es y que ha de venir" (Apocalipsis 4:2-3, 5-6; 5:11; 4:8).

Ángel significa *mensajero* o *siervo*. Los ángeles son seres espirituales. Como su Creador, los ángeles son invisibles para el hombre, excepto cuando son enviados a misiones en las que necesitan ser vistos.

El Rey del cielo los hizo antes de hacer a los seres humanos. En su libro, nos dice que "todos los ángeles gritaban de alegría" (Job 38:7) al verle crear el mundo.

Dios dio a sus ángeles la capacidad de conocer, obedecer, alabar y servirle para siempre. Los ángeles no eran esclavos de Dios. Igual que con los seres humanos, Dios no les obligó a someterse a Él. Quería siervos felices y dispuestos.

Las Escrituras hablan acerca de un ángel de alto rango a quien Dios había dado gran inteligencia, belleza y poder.

Si conoces la historia de este ángel, sabes de dónde vino el mal.

ESCENA 11
EL REINO DE LAS TINIEBLAS

Lucifer era uno de los ángeles principales de Dios. Su nombre significa *Reluciente*. Las Escrituras de los profetas describen a Lucifer como "el modelo de la perfección, lleno de sabiduría y de exquisita belleza" (Ezequiel 28:12 NTV).[7]

Pero entonces Lucifer empezó a mirarse a sí mismo en vez de mirar a su gran Creador-Rey. ¡Por primera vez en la historia, un ser creado se enorgulleció de sí mismo! Cegado por su propia hermosura e inteligencia, y olvidando a quien le había creado, Lucifer dijo en su corazón:

> Subiré al cielo para poner mi trono por encima de las estrellas de Dios…
> Escalaré hasta los cielos más altos,
> y seré como el Altísimo (Isaías 14:13-14 NTV).

Lucifer quería ser rey. Quería que se hiciera *su voluntad* en lugar de la voluntad de Dios.

El pecado había entrado en el universo.

Lucifer convenció a un tercio de los ángeles a unirse a su rebelión, pero Dios, que no puede tolerar el pecado, los expulsó de su hogar celestial.

El nombre de Lucifer se cambió por Satanás, que significa *acusador*. También se le llama el diablo, que significa *engañador*. Los ángeles malvados se llaman demonios.

En un lugar oscuro y secreto, Dios preparó una prisión para el diablo y sus demonios. Ese lugar se llama el infierno y el lago de fuego. Es un lugar de eterna separación de Dios, un lugar donde los rebeldes ya no causarán más problemas. Un día, Satanás y todos sus demonios serán encerrados en esa prisión para siempre, pero aún no están todos allí.

De modo que, ¿a dónde fueron estos espíritus malvados cuando Dios los expulsó?

Se trasladaron a la atmósfera de la tierra. Ahí, el diablo organizó a sus ángeles por rangos. *¡Si no podía gobernar en el cielo, gobernaría en la tierra!* Por eso, las Escrituras llaman a Satanás el "príncipe de la potestad del aire, el espíritu que ahora opera en los hijos de desobediencia" (Efesios 2:2, RVR-95).

El diablo y sus demonios son invisibles para nosotros, pero son reales. Aunque no sabemos qué aspecto tienen, sí conocemos su propósito oscuro y malvado. Utilizarán toda clase de artimañas para conseguir que las personas se unan a su reino de tinieblas y perdición. Son capaces de hacer cualquier cosa en su empeño por destruirte.

> Satanás se disfraza como un ángel de luz (2 Corintios 11:14 NTV).

> Su enemigo el diablo ronda como león rugiente,
> buscando a quién devorar (1 Pedro 5:8).

Volvamos ahora a la historia de nuestros primeros padres.

ESCENA 12
LA SERPIENTE

L as vidas de Adán y Eva estaban llenas
de aventura y propósito.

Cada día estaba lleno de asombro mientras exploraban su huerto inmenso, cuidaban de las criaturas y las plantas, y probaban la comida.

Cada atardecer era aún más maravilloso porque su Creador-Dueño les honraba con una visita personal. ¡Cómo les encantaba caminar y hablar con Él! El hombre y su esposa eran felices en su hogar del huerto.

Pero Satanás no era feliz. ¡Odiaba a Dios y odiaba a estas dos criaturas que reflejaban la imagen de Dios!

Así que el diablo, que había fracasado en su intento de apoderarse del reino del cielo, conspiró para hacerse con el reino de la tierra. *Si tan solo pudiera conseguir que Adán, la cabeza de la raza humana, quebrantara la ley de Dios. Sin embargo, no tentaría a Adán directamente…*

Un día, la mujer escuchó una voz.

No era Adán. No era Dios.

¡Era una serpiente!

Para Eva, un reptil que hablaba no era más que otro nuevo descubrimiento. No tenía ni idea de que el enemigo de Dios estaba utilizando a la serpiente. Tampoco sabía que Satanás quería usarla con el fin de tentar a Adán para que quebrantara la ley de Dios.

La serpiente había esperado pacientemente, sus ojos calculadores acechaban a la mujer. Entonces, en el momento oportuno, le siseó:

> "¿Es verdad que Dios les dijo que no comieran
> de ningún árbol del jardín?" (Génesis 3:1).

Satanás quería que Eva dudara de la palabra de Dios. También quería que pensara que Dios les estaba ocultando algo bueno a ella y su esposo.

> "Podemos comer del fruto de todos los árboles —respondió la mujer—. Pero, en cuanto al fruto del árbol que está en medio del jardín, Dios nos ha dicho: 'No coman de ese árbol, ni lo toquen; de lo contrario, morirán'".

> Pero la serpiente le dijo a la mujer: "¡No es cierto, no van a morir! Dios sabe muy bien que, cuando coman de ese árbol, se les abrirán los ojos y llegarán a ser como Dios, conocedores del bien y del mal" (Génesis 3:2-5).

¿Qué haría Eva?

Escena 13
La elección

D ios les había dado a Adán y Eva la libertad de elegir entre hacer la voluntad de Dios o la suya propia.

El Señor sabía lo que era lo mejor para estas criaturas especiales que Él había creado a su propia imagen. Quería que Adán y Eva confiaran en Él, incluso cuando no comprendieran las razones tras su gobierno.

Solo Dios podía prever el alcance de las terribles consecuencias del mal, y fue por eso que le había dicho a Adán:

> "Puedes comer libremente del fruto de cualquier árbol del huerto, excepto del árbol del conocimiento del bien y del mal. Si comes de su fruto, sin duda morirás" (Génesis 2:16-17 NTV).

Pero ahora la serpiente le había dicho a Eva:

> "¡No es cierto, *no* van a morir!" (Génesis 3:4).

¿En quién debería confiar Eva, en su Creador o en una criatura?

Esto fue lo que pasó:

> La mujer quedó convencida. Vio que el árbol era hermoso y su fruto parecía delicioso, y quiso la sabiduría que le daría. Así que tomó del fruto y lo comió.
>
> Después le dio un poco a su esposo que estaba con ella, y él también comió (Génesis 3:6 NTV).

¡Ella lo comió! ¡Él lo comió!

Eva comió el fruto prohibido porque las trampas de Satanás la engañaron. Adán lo comió porque escogió intencionadamente ir por su propio camino en vez de ir por el camino de Dios.

En lugar de someterse a su Creador santo y amoroso, la humanidad se rindió ante el enemigo.

Nuestros primeros padres pecaron.

ESCENA 14

PECADO Y VERGÜENZA

Adán fue nombrado cabeza de la raza humana. Fue quien recibió el mandato de Dios de no comer del fruto del árbol del conocimiento del bien y del mal. No fue hasta que Adán mordió el fruto ilícito que tanto él como su esposa empezaron a sentir los efectos espantosos de su elección.

> En ese momento se les abrieron los ojos, y tomaron conciencia de su desnudez. Por eso, para cubrirse entretejieron hojas de higuera (Génesis 3:7).

Vergüenza ardiente y culpa desgarradora llenaron sus almas. Se sintieron inmundos, por dentro y por fuera.

El pecado trajo vergüenza.

Antes de quebrantar la ley de Dios, Adán y Eva eran conscientes de la presencia de Dios y "no se avergonzaban" (Génesis 2:25 RVR-95). Se sentían honrados de estar con su Creador, reflejar su imagen y ser sus amigos.

Pero cuando comieron del árbol del conocimiento del bien y del mal, tomaron conciencia de sí mismos y se avergonzaron.

El honor fue sustituido por la vergüenza.

Intentaron cubrir su vergüenza con hojas de higuera, pero ningún esfuerzo propio podía solucionar su problema. Eran incapaces de deshacerse del pecado que había invadido sus almas. Eran incapaces de restaurar el honor que habían perdido.

Era la tarde.

Pronto, su Creador santo y amoroso vendría para su visita vespertina. La idea de verle sacudía sus cuerpos con descargas de terror.

¿Qué les diría?

¿Qué le dirían ellos a Él?

Escena 15
Muertos espiritualmente

Antes de desobedecer a Dios, Adán y Eva se regocijaban al ver a su Creador-Dueño cada vez que venía a visitarles.

Ahora, tenían miedo.

> Cuando el día comenzó a refrescar, oyeron el hombre y la mujer que Dios andaba recorriendo el jardín; entonces corrieron a esconderse entre los árboles, para que Dios no los viera (Génesis 3:8).

Como niños desobedientes que intentan esconderse de sus padres, Adán y Eva intentaron esconderse de su Creador.

> Dios el Señor llamó al hombre y le dijo: "¿Dónde estás?".

> El hombre contestó: "Escuché que andabas por el jardín, y tuve miedo porque estoy desnudo. Por eso me escondí".

> "¿Y quién te ha dicho que estás desnudo? —le preguntó Dios—. ¿Acaso has comido del fruto del árbol que yo te prohibí comer?".

> Él respondió: "La mujer que me diste por compañera me dio de ese fruto, y yo lo comí".

> Entonces Dios el Señor le preguntó a la mujer: "¿Qué es lo que has hecho?".

> "La serpiente me engañó, y comí" —contestó ella (Génesis 3:9-13).

¿Por qué querían esconderse Adán y Eva de Dios? Porque habían pecado. ¿Por qué culpaban a otros por su pecado? Porque estaban avergonzados.

Adán y su mujer ya no mostraban la imagen santa de Dios. En lugar de reflejar la santidad y el amor de su Creador, ahora reflejaban la rebelión y el orgullo del diablo.

La primera pareja había llegado a ser como una rama rota de un árbol vivo. Su pecado había roto su relación con el Rey del universo.

Espiritualmente, estaban muertos. Su pecado les había separado de la Fuente de vida eterna.

Físicamente, seguían vivos, pero el proceso de envejecimiento había comenzado. El poder de la muerte había invadido sus cuerpos.

¿Cuál era la causa de toda esta muerte y destrucción?

El pecado.

 ESCENA 16

LA MALDICIÓN

Al principio de la historia humana, Dios y el hombre estaban juntos. Reinaban la paz y el gozo. Pero entonces el hombre quebrantó la ley de Dios.

El mismo día que pecaron Adán y Eva, Dios anunció algunas de las consecuencias de gran alcance de su pecado.

A la mujer, le dijo:

> "Darás a luz a tus hijos con dolor. Desearás a tu marido, y él te dominará" (Génesis 3:16).

Antes de que el pecado entrara en escena, Eva se regocijaba en el amor y el cuidado abnegado de su marido, pero ahora, sus naturalezas contaminadas por el pecado añadirían conflicto y dolor al gozo del matrimonio.

Después, Dios le dijo al hombre:

> "¡Maldita será la tierra por tu culpa! Con penosos trabajos comerás de ella todos los días de tu vida. La tierra te producirá cardos y espinas… Te ganarás el pan con el sudor de tu frente, hasta que vuelvas a la misma tierra de la cual fuiste sacado. Porque polvo eres, y al polvo volverás" (Génesis 3:17-19).

Debido a su pecado, Adán y Eva habían perdido el dominio sobre la tierra. Su mundo incluiría ahora espinas, dolor, tristeza, enfermedad y muerte.

Algunos estamos tan acostumbrados a este sufrimiento que lo aceptamos como normal. Pero, ¿formaba parte del diseño original de Dios que un rosal fragante tuviera espinas hirientes? ¿O que el asombro del parto incluyera dolor intenso? ¿O que esos seres creados a imagen de Dios envejecieran y murieran? No. Dios no diseñó la creación original para batallar contra sí misma. Fue por causa del pecado del hombre que la tierra cayó bajo la maldición de Dios.

La humanidad había pecado y debía morir.

La ley del pecado y de la muerte lo exigía.

La muerte es separación. El pecado produce tres terribles separaciones:

1. Muerte espiritual: el espíritu del hombre separado de Dios.
2. Muerte física: el espíritu y el alma del hombre separados de su cuerpo (y de sus seres queridos).
3. Muerte eterna: el espíritu, el alma y el cuerpo del hombre separados de Dios para siempre en el lago de fuego.[8]

El hombre no tenía forma de salvarse de la maldición del pecado.

¿Había alguna esperanza?

Escena 17
La promesa

Satanás había robado el tesoro especial del Rey, pero el Rey tenía un plan secreto para rescatarlo. Como el precio de rescate que el Rey planeaba pagar era increíblemente alto, ni los demonios ni los seres humanos entenderían su plan hasta que lo cumpliera.

El mismo día que Satanás capturó la raza humana, Dios le dijo a la serpiente:

> "Por causa de lo que has hecho, ¡maldita serás entre todos los animales, tanto domésticos como salvajes! Te arrastrarás sobre tu vientre, y comerás polvo todos los días de tu vida" (Génesis 3:14).

Cuando Dios creó a las serpientes, tenían patas. Pero como Satanás usó a la serpiente para llevar a la humanidad al pecado, Dios la maldijo obligándola a deslizarse por el suelo. (¿Sabías que los pitones y las boas constrictoras tienen protuberancias pequeñas bajo la piel donde antes tenían patas?). Al hacer que las serpientes fueran las más bajas de todas las criaturas, Dios le dio a la familia humana un recordatorio visual de que, en su propio tiempo, Él aplastará a "aquella serpiente antigua que se llama Diablo y Satanás, y que engaña al mundo entero" (Apocalipsis 12:9).

A continuación, Dios le dijo a Satanás, que había usado a la serpiente:

> "Pondré enemistad entre tú y la mujer, y entre tu simiente
> y la de ella; su simiente te aplastará la cabeza,
> pero tú le morderás el talón" (Génesis 3:15).

Esta fue la primera de muchas profecías en las que, poco a poco, Dios daría a conocer su plan secreto para rescatar a las personas de Satanás, del pecado y de la muerte. Pero para esconder este plan de Satanás y sus seguidores, el Rey puso la profecía en clave.

Dios prometió enviar un Salvador a la tierra, la *Simiente de una mujer*. El Salvador tendría una madre humana, pero no un padre humano. Sería conocido como el Mesías, que significa *el Escogido*. Satanás mordería el talón del Mesías, pero el Mesías aplastaría la cabeza de Satanás.

¿Qué significaba todo esto? El Rey lo aclararía más adelante, pero de momento Dios les había dado a Adán y a Eva un rayo de esperanza.

Miles de años después, uno de los profetas del Rey escribiría:

> El pueblo que camina en oscuridad verá una gran luz…

> ¡La virgen concebirá un niño! Dará a luz un hijo y lo llamarán Emanuel, que significa "Dios está con nosotros" (Isaías 9:1; 7:14 NTV).

El Rey rescataría[9] su tesoro especial.
Pero, ¿cuánto le costaría?

ESCENA 18

EL PRIMER SACRIFICIO

¿Recuerdas qué hicieron Adán y Eva después de comer el fruto prohibido? Se vistieron con hojas de higuera.

¿Esas prendas les hicieron sentirse más cómodos en la presencia de su Creador-Juez? ¡No! Se sentían avergonzados y culpables. No tenían forma de arreglar las cosas entre ellos y Dios.

Así que Dios hizo algo por ellos.

> Dios el SEÑOR hizo ropa de pieles para el hombre y su mujer, y los vistió (Génesis 3:21).

¿Quién hizo el primer sacrificio animal de la historia? Dios.

El SEÑOR sacrificó unos animales, hizo ropa de pieles, y vistió a Adán y Eva. Al hacerlo, Dios les estaba enseñando unas lecciones básicas sobre su justicia, misericordia y gracia.

Pensemos en estas tres palabras importantes.

Justicia. Mira a los animales muertos. ¿Por qué los sacrificó Dios? Lo hizo para enseñarles a Adán y Eva que la ley del pecado y de la muerte debe cumplirse. Su pecado tenía que ser castigado con la muerte. Eso es justicia.

Misericordia. Mira a Adán y Eva. ¿Dios los ejecutó? No. Dios proveyó animales para que murieran en su lugar. De esta manera, Dios castigó su pecado sin castigarles a ellos. Eso es misericordia.

Gracia. Ahora mira la hermosa ropa de Adán y Eva. ¿Merecían estos dos transgresores este regalo? No, pero Dios les mostró bondad al vestirles con las pieles de los animales sacrificados. Eso es gracia.

Gracias a lo que el SEÑOR hizo por ellos, ¡Adán y Eva volvían a sentirse felices en la presencia de Dios!

La sangre animal cubrió su *pecado*. Adán y Eva merecieron morir ese día, pero unos animales inocentes murieron en su lugar.

La ropa de pieles de animales cubrieron su *vergüenza*. Adán y Eva se sentían cómodos de nuevo en la presencia de Dios.

Miles de años más tarde, un profeta de Dios escribió:

> ¡Me llené de alegría en el SEÑOR mi Dios! Pues él me vistió con ropas de salvación y me envolvió en un manto de justicia (Isaías 61:10 NTV).

Solo Dios tiene una forma de restaurar a los pecadores.

ESCENA 19
DESTERRADOS

Cuando Dios expulsó a los ángeles rebeldes del cielo, su destino estaba sellado. Esos seres espirituales que habían vivido en la luz resplandeciente del cielo no tenían excusa por su pecado. Pero para los seres humanos contaminados por el pecado, el SEÑOR tenía un plan para recuperarlos, si confiaban en Él.

Aún así, el pecado tiene sus consecuencias. Así como Dios echó a Lucifer y sus ángeles malignos del paraíso celestial, echó al hombre y su esposa del paraíso terrenal.

> Después de expulsarlos, el SEÑOR Dios puso querubines poderosos al oriente del jardín de Edén; y colocó una espada de fuego ardiente —que destellaba al moverse de un lado a otro— a fin de custodiar el camino hacia el árbol de la vida (Génesis 3:24 NTV).

El árbol de la vida era el otro árbol especial en medio del huerto. Solo las personas perfectas podían comer de él. Adán y Eva ya no eran perfectos. Habían pecado, y debían envejecer y morir.

Nuestro gran Dios Creador es santo. Eso significa que es puro, limpio, perfecto y justo. Debido a su naturaleza santa y a sus leyes santas, debe castigar el pecado con la muerte: la separación de la Fuente de vida.

Algunas personas creen que Dios es tan "grande" que puede ignorar las leyes que Él mismo ha decretado. Imagina un tribunal donde el juez se niega a hacer cumplir las leyes de la nación. ¿Dirías que tal juez es *grande*? Imagina un partido de fútbol donde el árbitro ignora las reglas del juego. ¿Le llamarías un *gran* o un *mal* árbitro?

Satanás quería que Eva creyera que su Creador no haría cumplir sus reglas, que no castigaría a los transgresores con la muerte. Pero el Rey y Juez justo del universo siempre cumple su palabra.

Dios es grande, puedes confiar en Él.

> La rectitud y la justicia son el cimiento de tu trono;
> el amor inagotable y la verdad van como séquito
> delante de ti (Salmo 89:14 NTV).

Veamos si puedes resolver este acertijo: *¿Qué pueden hacer Satanás y los seres humanos que el SEÑOR Dios no puede hacer?*

Aquí está la respuesta de Dios mismo:

> Por nada romperé mi pacto; no retiraré ni una sola palabra que he dicho…
> y por mi santidad no puedo mentir (Salmo 89:34-35 NTV).

El rey del universo no puede faltar a su palabra.

Escena 20
Los primeros hijos

Fuera del huerto, el mundo seguía siendo un lugar hermoso, pero también incluía cosas malas como plantas espinosas, bichos molestos, rodillas raspadas y narices congestionadas. Muchos animales ya no eran mansos. No era fácil encontrar alimentos. Adán y Eva se veían obligados a trabajar duro solo para llenar sus estómagos hambrientos.

También experimentaron momentos de felicidad y alegría.

> El hombre se unió a su mujer Eva, y ella concibió y dio a luz a Caín. Y dijo: "¡Con la ayuda del Señor, he tenido un hijo varón!" (Génesis 4:1).

Al primer bebé del mundo, Eva le llamó Caín, que significa *posesión*. ¡Qué precioso tesoro les había dado Dios! Quizá pensó que su hijo sería el Salvador prometido, pero pronto descubrió que su niñito hermoso era terco y egoísta, ¡igual que sus padres!

Más tarde, cuando nació su segundo hijo, Eva le llamó Abel, que significa *vanidad* o *nada*. Evidentemente, Adán y Eva no podían producir aquella *simiente de una mujer,* sin pecado, que salvaría a las personas de sus pecados.

En vez de reflejar la imagen santa de Dios los hijos de Adán y Eva reflejaban sus propias naturalezas torcidas por el pecado.

> Adán… tuvo otros hijos y otras hijas… a su imagen y semejanza (Génesis 5:4, 3).

Mira la ilustración. ¿Ves a Caín quitándole el melón a su hermanito? Actúa igual que sus padres, que tomaron el fruto que no les pertenecía. Como una enfermedad contagiosa, el pecado de Adán y Eva infectó a sus hijos.

> Cuando Adán pecó, el pecado entró en el mundo. El pecado de Adán introdujo la muerte, de modo que la muerte se extendió a todos, porque todos pecaron (Romanos 5:12 ntv).

Un proverbio africano dice: "Una rata solo puede producir crías que cavan". Un proverbio árabe expresa el mismo hecho: "El hijo de un pato es nadador".

Cuando nuestros primeros padres pecaron, se volvieron como una rama rota de un árbol. Así como cada ramita y hoja de la rama rota se ve afectada, cada miembro de la rama familiar de Adán se ve afectado por el pecado de Adán.

Mucho tiempo después de la muerte de Adán, el profeta y rey David escribió:

> Soy pecador de nacimiento, así es, desde el momento en que me concibió mi madre (Salmo 51:5 ntv).

Puede que no nos guste escucharlo, pero sabemos que es verdad.

Escena 21

Los pecadores adoran

Adán y Eva tuvieron muchos hijos e hijas, pero las Escrituras se centran en la historia de los dos primeros hijos.

> Abel se dedicaba a pastorear ovejas, mientras que Caín se dedicaba a labrar la tierra (Génesis 4:2).

Tanto Caín como Abel eran buenos trabajadores.
Ambos tenían conocimiento de su Creador.
Ambos querían que Dios les recibiese y aceptase su adoración.
Ambos tenían el mismo problema: el *pecado.*

No solo habían nacido pecadores, sino que vivían como pecadores. Cada día pensaban, hablaban y actuaban de formas que no reflejaban la naturaleza pura y amorosa de Dios. En su libro, el Rey del universo llama a esto pecado.

> Todos hemos pecado; nadie puede alcanzar la meta gloriosa establecida por Dios (Romanos 3:23 NTV).

¿Había alguna forma en la que Dios pudiera perdonar a Caín y Abel, y declararles justos ante sus ojos? Sí, pero sería muy, muy costosa.

> Sin derramamiento de sangre no hay perdón (Hebreos 9:22).

La ley inquebrantable del universo —la ley del pecado y de la muerte— debía cumplirse. El pecado tenía que ser castigado con la muerte. Por eso, el camino del perdón del Rey exigía una muerte. Aunque el pecador merecía morir, Dios aceptaría la sangre de determinados animales, como el cordero.

El cordero no podía estar enfermo, herido o sucio. Tenía que estar sano y limpio. Tenía que ser un cordero perfecto.

El cordero sería sacrificado y quemado. Moriría en lugar del pecador culpable. El cordero sería el sustituto del pecador.

Un día, los dos hermanos trajeron ofrendas a Dios, pero solo uno trajo la ofrenda correcta.

> Tiempo después, Caín presentó al Señor una ofrenda del fruto de la tierra.

> Abel también presentó al Señor lo mejor de su rebaño, es decir, los primogénitos con su grasa (Génesis 4:3-4).

¿Cuál de las ofrendas crees que Dios aceptó?

Escena 22
La ley de la ofrenda por el pecado

Mira a los hermanos y lo que están a punto de ofrecer a Dios. Mira los altares.

Un altar era una plataforma elevada, normalmente hecha de piedras o tierra. Era un lugar de muerte. Elevaba la ofrenda entre el cielo y la tierra, entre Dios y el hombre. Todo lo que se ofrecía sobre el altar, debía quemarse con fuego.

Dios siempre cumple la justicia, pero desea mostrar misericordia. ¿Cómo podía hacer las dos cosas? ¿Cómo podía castigar al pecado sin castigar al pecador?

Mucho después del tiempo de Caín y Abel, Dios le dijo al profeta Moisés:

> Porque la vida de toda criatura está en la sangre. Yo mismo se la he dado a ustedes sobre el altar, para que hagan propiciación por ustedes mismos, ya que la propiciación se hace por medio de la sangre (Levítico 17:11).

> Pondrá su mano sobre la cabeza de la víctima, la cual le será aceptada en su lugar y le servirá de propiciación (Levítico 1:4).

¿Qué significa *propiciación* (*expiación*)? Tiene que ver con pagar el precio exigido de rescate, para que los pecados pueden ser cubiertos, limpiados y perdonados. En los tiempos del Antiguo Testamento, Dios dijo que aceptaría la sangre derramada de corderos, carneros, machos cabríos, toros y palomas sanos como paga por los pecados de la gente. Esa sangre ofrecía expiación —cubriría el pecado—, pero solo hasta el día en el que Dios ofreciera un sacrificio perfecto para pagar el verdadero precio exigido por la ley del pecado y de la muerte.

Ahora mira a Caín y lo que está a punto de ofrecer a Dios. ¡Qué hermosa selección de frutas y hortalizas! ¡Cuánto tuvo que trabajar para producir esta ofrenda! Pero no podía cubrir sus pecados porque no tenía sangre, no conllevaba muerte.

Mira a Abel y su ofrenda. ¡Qué cuadro tan triste! El corderito está atado y a punto de morir. ¿Ves cómo Abel pone su mano sobre la cabeza del cordero? Puesto que Abel creyó en el plan de Dios, Dios tomó todos los pecados de Abel y los puso sobre el cordero. Abel está dando gracias al Señor porque aunque él, Abel, merece el castigo de la muerte, Dios aceptará la sangre del cordero para cubrir el pecado.

La ley de Dios exigía que todo pecador fuese castigado con la muerte, pero Dios, en su justicia y misericordia, aceptaría la muerte de un cordero en su lugar. Dios llama esto "la ofrenda por el pecado" (Levítico 6:25).

La ley de la ofrenda por el pecado libró a Abel de la ley del pecado y de la muerte.

Pero, ¿qué pasó con Caín?

ESCENA 23
ACEPTADO Y RECHAZADO

¿Ves el altar de Caín? ¿Qué hay sobre él? Cosechas marchitas. Ahora mira el altar de Abel. ¿Qué hay sobre él? Sangre y cenizas.

¿Qué opinaba Dios de estos dos hermanos y su adoración?

> El Señor miró con agrado a Abel y a su ofrenda, pero no miró así a Caín ni a su ofrenda (Génesis 4:4-5).

No se nos dice de qué manera mostró Dios su aprobación por el sacrificio de Abel, ni su rechazo de la ofrenda de Caín.[10] Las Escrituras solo dicen:

> Fue por la fe que Abel presentó a Dios una ofrenda más aceptable que la que presentó Caín. La ofrenda de Abel demostró que era un hombre justo, y Dios aprobó sus ofrendas (Hebreos 11:4 NTV).

Dado que Abel confió en el Señor y en su plan, fue perdonado y declarado justo. Este fue el regalo que Dios le hizo a Abel.

Dios cargó al cordero con el pecado de Abel, y el cordero murió en su lugar. La sangre del cordero fue derramada y su cuerpo reducido a cenizas. La ira justa de Dios contra el pecado cayó sobre el cordero, en vez de sobre Abel. ¿Por qué le agradó a Dios aquel cordero sacrificado? Porque señalaba al Salvador venidero que pagaría un día la deuda de pecado del mundo.

Debido a su fe en el plan de Dios, Abel gozaba ahora de una relación correcta con Él. Más tarde, cuando muriera, en vez de verse separado de Dios para siempre, estaría con Él, su Amigo. La ley de la ofrenda por el pecado había triunfado sobre la ley del pecado y de la muerte.

Caín se acercó a Dios con sus oraciones, pero hizo caso omiso de la ley divina que exige que el pecado sea castigado con la muerte. Caín era religioso, pero no gozaba de una relación correcta con Dios. La ley del pecado y de la muerte seguía cerniéndose sobre él como una nube negra. Si no confiaba en Dios y en su plan, nunca le conocería como Amigo. Se encontraría con Dios como Juez.

Algunas personas intentan justificar a Caín diciendo: "Caín era agricultor. Ofreció lo que tenía". Pero Dios no quería lo que él tenía. Caín podía haber cambiado algo de sus cosechas por uno de los corderos de Abel, o podía haber puesto su mano sobre la cabeza del cordero de Abel y adorado en el mismo altar.

¿Qué haría Caín?

¿Se arrepentiría y vendría a Dios con la ofrenda adecuada?

Escena 24
EL PRIMER ASESINATO

El Señor rechazó la ofrenda de Caín. Sin embargo, Dios le seguía amando y le animaba a arrepentirse.

¿Qué significa arrepentirse?

Supón que quieres viajar a cierta ciudad. Después de subir al tren, te das cuenta de que te subiste al equivocado. ¿Qué haces? Admites tu error, te bajas y te subes al tren correcto. Eso es lo que significa arrepentirse.

Arrepentirse quiere decir *cambiar de parecer; dar la espalda a lo que es falso y someterse a lo que es verdadero.* Arrepentirse ante Dios no significa que debo castigarme a mí mismo por mis pecados. Significa que debo ver mi pecado como Dios lo ve.

Dios quería que Caín se arrepintiera, que dejara de confiar en su propio camino y siguiera el de Dios.

Esto hizo que Caín se enojara mucho, y se veía decaído.

"¿Por qué estás tan enojado? —preguntó el Señor a Caín—. ¿Por qué te ves tan decaído? Serás aceptado si haces lo correcto, pero si te niegas a hacer lo correcto, entonces, ¡ten cuidado! El pecado está a la puerta, al acecho y ansioso por controlarte; pero tú debes dominarlo y ser su amo" (Génesis 4:5-7 NTV).

Caín era demasiado orgulloso para arrepentirse. *¡Había sido humillado por su hermano! ¡Se desharía de esa humillación y recobraría el honor a su propia manera!*

Cierto día Caín dijo a su hermano: "Salgamos al campo". Mientras estaban en el campo, Caín atacó a su hermano Abel y lo mató.

Luego el Señor le preguntó a Caín: "¿Dónde está tu hermano? ¿Dónde está Abel?".

"No lo sé —contestó Caín—. ¿Acaso soy yo el guardián de mi hermano?".

Pero el Señor le dijo: "¿Qué has hecho? ¡Escucha! ¡La sangre de tu hermano clama a mí desde la tierra!" (Génesis 4:8-10 NTV).

El alma y el espíritu de Abel se habían ido a estar con el Señor, pero su cuerpo volvería al polvo de la tierra, hasta un día futuro cuando Dios transformará ese polvo en un cuerpo glorioso, adecuado para la eternidad.

En cuanto a Caín, Dios le dio otra oportunidad para arrepentirse, pero él la rechazó.

Así Caín se alejó de la presencia del Señor (Génesis 4:16).

En un espíritu de rebeldía y orgullo, Caín se trasladó hacia el oriente y construyó una ciudad. Él y su esposa tuvieron muchos hijos. Sus tátara tataranietos hicieron las primeras herramientas de metal e instrumentos musicales.

Los descendientes de Caín eran muy inteligentes, pero no conocían al Señor.

ESCENA 25
PACIENCIA Y JUICIO

Después de diez largas generaciones desde el primer pecado de Adán, Dios dio este triste informe sobre la familia humana:

> La maldad del ser humano en la tierra era muy grande, y… todos sus pensamientos tendían siempre hacia el mal (Génesis 6:5).

Sin embargo, una familia en la tierra aún confiaba en Dios.

> Pero Noé contaba con el favor del SEÑOR.

> Le dijo a Noé: "He decidido acabar con toda la gente, pues por causa de ella la tierra está llena de violencia. Así que voy a destruir a la gente junto con la tierra. Construéyete un arca de madera resinosa, hazle compartimentos, y cúbrela con brea por dentro y por fuera…" (Génesis 6:8, 13-14).

Esta barcaza espaciosa de tres pisos, con la longitud de un campo de fútbol y medio, tendría espacio suficiente para albergar a una pareja de cada especie animal y siete parejas de animales sacrificados en las ofrendas por el pecado. El arca tenía un sistema de ventilación y una sola puerta grande.

Durante un siglo entero, Noé, junto con su esposa, sus tres hijos y sus respectivas esposas, construyó el arca. Mientras trabajaba, Noé advertía al mundo del juicio venidero de Dios, pero la gente se limitaba a burlarse de él.

Por fin, el arca estaba lista. La familia de Noé la había llenado de provisiones. Dios trajo a los animales, los reptiles, los insectos y los pájaros. ¡Qué espectáculo verlos entrar al arca y acomodarse en sus miles de compartimientos!

Noé y su familia también entraron. ¿Entró alguien más a este lugar seguro? No. Así que Dios cerró la puerta. Nubes amenazadoras rodearon el planeta. Los relámpagos destellaron y los truenos retumbaron.

> Se reventaron las fuentes del mar profundo y se abrieron las compuertas del cielo. Cuarenta días y cuarenta noches llovió sobre la tierra (Génesis 7:11-12).

Fue el peor desastre natural de la historia. Toda la humanidad, salvo aquellas ocho almas refugiadas en el arca, pereció. Un mundo orgulloso e incrédulo aprendió la verdad demasiado tarde.

Los registros geológicos y fósiles afirman el relato bíblico. Desde el Sahara hasta el Himalaya, se encuentran fósiles marinos en los grandes desiertos y montañas del mundo.

En su misericordia, Dios es paciente, pero, en su justicia, juzgará el pecado.

ESCENA 26

UN NUEVO COMIENZO

¿Qué pasó, pues, con Noé y su familia, y los animales dentro del arca? Se salvaron del juicio de Dios.

> Entonces Dios se acordó de Noé y de todos los animales
> salvajes y domésticos que estaban con él en la barca.
> Envió un viento que soplara sobre la tierra, y las aguas
> del diluvio comenzaron a retirarse (Génesis 8:1 NTV).

La gigantesca arca fue bajando hasta descansar por fin sobre Ararat, un enorme monte de dos picos que se encuentra en Turquía oriental.

Noé envió una paloma tres veces para ver si podía encontrar tierra seca. La primera vez, la paloma simplemente volvió. La segunda vez, vino con una hoja de olivo en el pico. La tercera vez, ya no volvió. ¡Había encontrado un hogar! Noé sabía que era tiempo de salir del arca. Había pasado un año entero desde que inició el diluvio.

¿Sabes qué fue lo primero que hizo Noé después de que su familia y los animales salieron del arca?

> Luego Noé construyó un altar al SEÑOR, y sobre ese altar
> ofreció como holocausto animales puros y aves puras.
> El SEÑOR percibió el grato aroma (Génesis 8:20-21).

La justicia y la misericordia de Dios no habían cambiado. El pecado seguía exigiendo la paga de muerte. Por eso, Noé derramó la sangre de unas criaturas inocentes y quemó sus cuerpos sobre un altar, suspendido entre el cielo y la tierra, entre Dios y el hombre. Estos sacrificios señalaban al Mesías sin pecado que un día vendría a la tierra para ofrecer la verdadera paga por el pecado.

A continuación, Dios les dio un mandamiento a Noé y su familia:

> Sean fecundos, multiplíquense y llenen la tierra (Génesis 9:1).

El SEÑOR Dios hizo también un pacto con el planeta Tierra:

> He colocado mi arco iris en las nubes, el cual servirá como señal
> de mi pacto con la tierra… Nunca más las aguas se convertirán
> en un diluvio para destruir a todos los mortales (Génesis 9:13, 15).

Como símbolo de su pacto, Dios desveló un arcoíris glorioso que se elevaba sobre el cielo nublado. Dios prometió que nunca volvería a enviar un diluvio global.

El arcoíris nos recuerda que, ya sea para castigar o para proteger, Dios siempre cumple sus promesas.

Siempre.

Escena 27
La torre del orgullo

Aunque habían sido bendecidas con un nuevo comienzo, al paso de unas pocas generaciones, muchas personas habían abandonado al Señor para seguir su propio camino. Por ejemplo, Dios había mandado que la humanidad se extendiera y "llenara la tierra" (Génesis 1:28; 9:1). ¿Y qué hizo el hombre?

Las Escrituras nos dicen:

En ese entonces se hablaba un solo idioma en toda la tierra.

Al emigrar al oriente, la gente encontró una llanura en la región de Sinar [el actual Irak], y allí se asentaron. Un día se dijeron unos a otros: "Vamos a hacer ladrillos, y a cocerlos al fuego".

Fue así como usaron ladrillos en vez de piedras, y asfalto en vez de mezcla.

Luego dijeron: "Construyamos una ciudad con una torre que llegue hasta el cielo. De ese modo nos haremos famosos y evitaremos ser dispersados por toda la tierra" (Génesis 11:1-4).

En vez de alabar el gran nombre del Señor, los constructores de esta ciudad querían que la gente les alabara a ellos. Igual que Satanás, estaban controlados por un espíritu de orgullo y rebeldía.

En su deseo de construir "una torre que llegue hasta el cielo", eran como las personas religiosas de hoy que esperan llegar al cielo por sus propios esfuerzos. Como Caín, eran personas religiosas, pero hacían caso omiso del camino de Dios del perdón y la justicia. No confiaban en Dios y su plan.

Así que el Señor Dios dijo:

"Vamos a bajar a confundirlos con diferentes idiomas; así no podrán entenderse unos a otros".

De esa manera, el Señor los dispersó por todo el mundo, y ellos dejaron de construir la ciudad. Por eso la ciudad se llamó Babel, porque fue allí donde el Señor confundió a la gente con distintos idiomas. Así los dispersó por todo el mundo (Génesis 11:7-9 NTV).

Al darle un idioma diferente a cada familia o clan, el Señor detuvo su proyecto de construcción. No le quedó más remedio a la gente que marcharse de Babel y llenar la tierra, tal y como Dios les había mandado.

La gente no terminó su torre, pero los planes de Dios seguían cumpliendo los tiempos determinados por Él.

Escena 28
Dios llama a Abraham

Habían pasado diez generaciones desde el tiempo del profeta Noé. Satanás tenía a las naciones bajo su control absoluto, o eso parecía.

En vez de confiar en el Señor, la gente confiaba en sus religiones. Algunas naciones adoraban al sol, en lugar de adorar a Aquel que lo creó. Otras veneraban a la luna.

Corría aproximadamente el año 1925 a.C.

En una tierra al noroeste de Arabia, vivía un anciano llamado Abram. Más adelante, Dios cambió su nombre a Abraham, que significa *padre de una multitud*.

Abraham tenía 75 años; Sara, su esposa, tenía 65. No tenían hijos. Sus padres y vecinos eran idólatras, adoraban a las cosas creadas, en vez de adorar al Creador.

Un día, el Señor le dijo a Abraham:

> "Deja tu tierra, tus parientes y la casa de tu padre, y vete a la tierra que te mostraré. Haré de ti una nación grande, y te bendeciré; haré famoso tu nombre, y serás una bendición. Bendeciré a los que te bendigan y maldeciré a los que te maldigan; ¡por medio de ti serán bendecidas todas las familias de la tierra!" (Génesis 12:1-3).

El Señor quería hacer un pacto con Abraham. Si estaba dispuesto a dejar a la familia de su padre y marchar a una tierra desconocida, el Señor haría dos cosas muy grandes con él:

1. Dios convertiría a Abraham en el padre de una gran nación.
2. A través de esa nación nueva, Dios bendeciría a la gente de todas las naciones.

Si Abraham estaba dispuesto a confiar en el Señor y seguirle, se convertiría en el padre de una nación de la que saldrían los profetas, las Escrituras y el Salvador del mundo.

¿Qué hizo Abraham?

> Por la fe Abraham, cuando fue llamado para ir a un lugar que más tarde recibiría como herencia, obedeció y salió sin saber a dónde iba (Hebreos 11:8).

No fue fácil para Abraham y su esposa dejar a sus parientes y abandonar la religión familiar. Sin embargo, escogieron soportar las críticas de su entorno social con el fin de seguir al único Dios verdadero.

Confiar en Dios y obedecerle no siempre es fácil, pero siempre es lo mejor.

ESCENA 29
EL QUE CUMPLE SU PROMESA

Abraham y su esposa eran ancianos y no tenían hijos. Sin embargo, el SEÑOR había prometido hacer de Abraham el padre de una gran nación.

¿Cómo reaccionó Abraham ante esa promesa "imposible" de Dios?

> Le creyó Abraham a Dios, y esto se le tomó en cuenta como justicia (Santiago 2:23; Génesis 15:6).

Como todos los descendientes de Adán, Abraham era un pecador, pero como Abel y Noé, ofrecía a Dios sacrificios por el pecado. Dado que Abraham creyó al SEÑOR y sus promesas, eso le fue contado por justicia en el cielo y Dios le dio el regalo de la vida eterna. Sara confió también en el SEÑOR y también fue declarada justa.

Sin embargo, es difícil esperar.

Después de estar en la tierra de Palestina durante diez años, esperando y orando para que Sara quedara embarazada, decidieron "ayudar" a Dios a cumplir su promesa de darle un hijo a Abraham. Siguiendo una costumbre local, Sara dio su criada egipcia Agar a Abraham. Él durmió con Agar, y ella se quedó embarazada y dio a luz un hijo. Le llamaron Ismael.

Unos 13 años después, cuando Abraham tenía 99 años y Sara 89, el Dios Todopoderoso se les apareció de nuevo. Les dijo que tendrían un hijo y que se llamaría Isaac. El SEÑOR también le dijo a Abraham:

> En cuanto a Ismael… Yo lo bendeciré… Pero mi pacto lo estableceré con Isaac, el hijo que te dará Sara de aquí a un año, por estos días (Génesis 17:20-21).

Un año después, Sara dio a luz a Isaac, el hijo de la promesa.

Mira la imagen. ¿Ves a Abraham y su esposa contemplando el cielo nocturno? Están dando gracias al SEÑOR por su fidelidad. Luego, despidieron a Agar y a Ismael, pero Dios fue bueno con ellos también.

> El muchacho creció en el desierto, y Dios estaba con él. Llegó a ser un hábil arquero, se estableció en el desierto de Parán, y su madre arregló que se casara con una mujer de la tierra de Egipto (Génesis 21:20-21 NTV).

Ismael se convirtió en el padre del poderoso pueblo árabe, al que Dios ha bendecido de muchas formas.

En cuanto a Isaac, se quedó en casa, cuidando el ganado y los rebaños de su padre. A veces, le ayudaba a escoger un cordero sano para sacrificarlo y quemarlo sobre un altar por sus pecados. Pero ni Isaac ni su padre podrían imaginarse el sacrificio que Dios estaba a punto de exigir.

ESCENA 30
LA PRUEBA DEFINITIVA

Dios planeaba usar a Abraham y a su hijo para presentar al mundo unas profecías e ilustraciones sobre su plan para rescatar a las personas del pecado y de la muerte. También pensaba probar la fe de Abraham al extremo, al pedirle que hiciera algo espantoso, algo que no tendría sentido hasta que la prueba terminara.

En esta etapa de su vida, Abraham tenía una confianza absoluta en el SEÑOR. Le conocía. Sabía que Dios es bueno y justo. Sin embargo, ¿sería capaz Abraham de confiar en Él y obedecerle, aunque lo que le pedía parecía equivocado?

Esta es la historia, directamente de las Escrituras:

Pasado cierto tiempo, Dios puso a prueba a Abraham y le dijo: "¡Abraham!".

"Aquí estoy" —respondió.

Y Dios le ordenó: "Toma a tu hijo, el único que tienes y al que tanto amas, y ve a la región de Moria.[11] Una vez allí, ofrécelo como holocausto en el monte que yo te indicaré".

Abraham se levantó de madrugada y ensilló su asno. También cortó leña para el holocausto y, junto con dos de sus criados y su hijo Isaac, se encaminó hacia el lugar que Dios le había indicado.

Al tercer día, Abraham alzó los ojos y a lo lejos vio el lugar. Entonces les dijo a sus criados: "Quédense aquí con el asno. El muchacho y yo seguiremos adelante para adorar a Dios, y luego regresaremos junto a ustedes".

Abraham tomó la leña del holocausto y la puso sobre Isaac, su hijo; él, por su parte, cargó con el fuego y el cuchillo. Y los dos siguieron caminando juntos.

Isaac le dijo a Abraham: "¡Padre!".

"Dime, hijo mío".

"Aquí tenemos el fuego y la leña —continuó Isaac—, pero, ¿dónde está el cordero para el holocausto?".

"El cordero, hijo mío, lo proveerá Dios" —le respondió Abraham.

Y siguieron caminando juntos (Génesis 22:1-8).

ESCENA 31
EL HIJO CONDENADO A MUERTE

¿Escuchaste lo que Abraham dijo a sus siervos antes de subir con su hijo al monte del sacrificio?

> "El muchacho y yo seguiremos adelante para adorar a Dios, y luego regresaremos junto a ustedes".

¿Cómo podría *regresar* el hijo de Abraham si iba a morir y su cuerpo sería quemado? Las Escrituras dicen:

> Consideraba Abraham que Dios tiene poder hasta para resucitar a los muertos (Hebreos 11:19).

Dios había prometido que Isaac sería el padre de una nueva nación (a través de la cual vendría el Salvador prometido). Dios no puede mentir. Para Abraham, eso era suficiente.

Mientras tanto, ¿qué pensaba Isaac? Él sabía que era pecador y que merecía morir por sus pecados. Sabía también que Dios aceptaría un sustituto. ¿Pero iban al lugar de sacrificio sin carnero *y sin cordero*? ¡*No tenía sentido*! Así que Isaac le dijo a su padre:

> "Aquí tenemos el fuego y la leña… pero, ¿dónde está el cordero para el holocausto?".

> "El cordero, hijo mío, lo proveerá Dios" —le respondió Abraham (Génesis 22:7-8).

Continuemos con la historia.

> Cuando llegaron al lugar señalado por Dios, Abraham construyó un altar y preparó la leña. Después ató a su hijo Isaac y lo puso sobre el altar, encima de la leña.

> Entonces tomó el cuchillo para sacrificar a su hijo, pero en ese momento el ángel del SEÑOR le gritó desde el cielo: "¡Abraham! ¡Abraham!".

> "Aquí estoy" —respondió.

> "No pongas tu mano sobre el muchacho, ni le hagas ningún daño —le dijo el ángel—. Ahora sé que temes a Dios, porque ni siquiera te has negado a darme a tu único hijo" (Génesis 22:9-12).

¡Abraham y su hijo se regocijaron! Pero, ¿qué harían para ofrecer el sacrificio exigido?

> Abraham alzó la vista y, en un matorral, vio un carnero enredado por los cuernos (Génesis 22:13).

El hijo de Abraham sería librado de la pena de muerte.

¡Dios había provisto un sustituto!

ILUSTRACIONES Y PROFECÍAS

¿Cómo rescató Dios al hijo condenado a muerte de Abraham? Proporcionó un animal inocente y sin mancha para morir en su lugar.

> Abraham alzó la vista y, en un matorral, vio un carnero enredado por los cuernos. Fue entonces, tomó el carnero y lo ofreció como holocausto, en lugar de su hijo (Génesis 22:13).

Todos estos acontecimientos ilustraban el plan de Dios de enviar a la tierra a un Salvador santo que cumpliría con las exigencias de la ley del pecado y de la muerte, y que rescatara a los pecadores de cada nación de la tierra.

> Abraham llamó a aquel lugar Yahveh-jireh (que significa "el SEÑOR proveerá"). Hasta el día de hoy, la gente todavía usa ese nombre como proverbio: "En el monte del SEÑOR será provisto" (Génesis 22:14 NTV).

¿Por qué llamó Abraham al monte *El SEÑOR **Proveerá***, en vez de *El SEÑOR **Ha Provisto***?

¿No acababa Dios de proveer un rescate?

Al llamar al monte *El SEÑOR **Proveerá***, el profeta Abraham predecía el día en que, en ese mismo monte, Dios mismo proveería un Sacrificio con sangre, tan costoso, que Dios lo aceptaría como la paga completa de la deuda de pecado del mundo para que todo el que creyera en ese Sacrificio no se perdiera, mas tuviera vida eterna.

Unos 1900 años después de que el profeta Abraham ofreciera el carnero sobre el altar, el mismísimo Salvador prometido recordaría ese acontecimiento histórico y diría:

> Abraham, el padre de ustedes, se regocijó al pensar que vería mi día; y lo vio y se alegró (Juan 8:56).

Mientras el humo del carnero subía hacia el cielo, Dios le permitió a Abraham vislumbrar un futuro holocausto que se sacrificaría sobre aquel mismo monte. De repente, la respuesta de Abraham a la pregunta de su hijo "¿Dónde está el cordero?" cobró un sentido más profundo.

> "*El cordero*, hijo mío, lo proveerá Dios" (Génesis 22:8).

Para Abraham y su hijo, Dios aún no había provisto un cordero. Había provisto un carnero.

¿Dónde estaba *el Cordero*?

En el momento perfecto, Dios mismo daría la respuesta.

Escena 33
Un Dios fiel y santo

¿Recuerdas las dos grandes promesas que Dios le hizo a Abraham? Primero dijo:

"Haré de ti una nación grande" (Génesis 12:2).

Dios cumplió su palabra. Abraham tuvo a Isaac, Isaac tuvo a Jacob, y Jacob tuvo doce hijos, cuyas familias se convirtieron en las doce tribus de Israel. Dios también dijo:

"¡Por medio de ti serán bendecidas todas las familias de la tierra!" (Génesis 12:3).

Dios cumpliría esa parte de su promesa también. Al trabajar con esta nación especial, y a menudo rebelde, Dios quiso mostrarles a todos los pueblos de la tierra cómo es Él y cómo los pecadores pueden acudir a Él. Cada vez que Dios protegía a esta nación, protegía sus planes de bendecirnos a ti y a mí (porque era de esta nación, que vendrían los profetas, las Santas Escrituras y el Salvador prometido).

El plan secreto de Dios seguía avanzando.

Alrededor de 1500 a.C., Dios llamó a Moisés, un descendiente de Abraham, para ser su profeta. Moisés escribió los primeros cinco libros de la Biblia. Dios también lo usó para librar a los tres millones de descendientes de Abraham de cuatro siglos de esclavitud. Dios mismo les guió a través del desierto hostil con una columna de nube para ofrecer sombra durante el día y con una columna de fuego para ofrecer luz de noche. Por su brazo poderoso, abrió un camino de escape para ellos en el mar Rojo, les dio pan del cielo, agua de una roca y los trajo hasta el monte Sinaí.

Allí, al pie del monte, Dios dijo al pueblo:

Ustedes serán para mí un reino de sacerdotes y una nación santa (Éxodo 19:6).

Dios quería que esta nación fuera santa: separada para Él y diferente a las naciones de alrededor. Sin embargo, el pueblo no entendía lo que significaba ser santo. No se veían como pecadores necesitados. Pensaban que, de algún modo, podían ganar el favor de Dios. Para darles una lección sobre su ira ardiente contra el pecado, el Señor descendió entre temblores de tierra, llamaradas de fuego y el estruendo de una trompeta.

El monte Sinaí estaba totalmente cubierto de humo, porque el Señor había descendido sobre él en forma de fuego. Nubes de humo subían al cielo como el humo que sale de un horno de ladrillos, y todo el monte se sacudía violentamente. A medida que el sonido del cuerno de carnero se hacía cada vez más fuerte, Moisés hablaba y Dios le respondía con voz de trueno (Éxodo 19:18-19 NTV).

Dios le había dado a Adán una norma.

Estaba a punto de darle diez a esta nueva nación.

ESCENA 34
LOS DIEZ MANDAMIENTOS

La mayoría de la gente de la nación creía que era lo suficientemente buena para ser el pueblo de Dios. Así que el SEÑOR les dio los Diez Mandamientos, primero desde el monte Sinaí con voz de trueno, y después escritos en dos tablas de piedra.

Leamos los Diez Mandamientos (a la derecha, resumidos de Éxodo 20 NTV).

El Señor le dijo a Moisés que debían obedecer las diez normas a la perfección.

> "Maldito sea quien no practique fielmente las palabras de esta ley" (Deuteronomio 27:26).

¿Cómo crees que se sentían las personas después de escuchar estos diez mandamientos? ¿Crees que aún pensaban que eran lo suficientemente buenas? Y tú, ¿cómo te ves? ¿Crees que eres lo suficientemente bueno para vivir en el reino perfecto de Dios?

Lee otra vez la norma *número uno*. ¿Siempre pones primero a Dios? Si no es así, no has guardado esta ley. Lee la *número cinco*. Si has desobedecido alguna vez a tu padre o a tu madre, eres culpable ante Dios. Ahora mira la norma *número ocho*. Si alguna vez te has llevado algo que no es tuyo, o has hecho trampa en un examen, has quebrantado esta ley. ¿Has mentido alguna vez? Entonces, no has obedecido la norma *número nueve*. El *último mandamiento* nos dice que está mal incluso querer tener lo que le pertenece a otra persona. Dios ve el pecado en nuestro corazón.

¿Cuántos pecados hicieron falta para arruinar la relación de Adán y Eva con Dios? *Solo uno*. La exigencia de Dios de perfección no ha cambiado.

> Porque el que cumple con toda la ley pero falla en un solo punto ya es culpable de haberla quebrantado toda (Santiago 2:10).

Dios es santo y no puede ignorar el pecado. ¿A ti te gustaría compartir una habitación con el cadáver descompuesto de un cerdo? Nuestro pecado es así para Dios. Rociar perfume sobre el cadáver apestoso no purificará la habitación; y ninguna cantidad de esfuerzos religiosos puede purificar nuestros corazones.

Un espejo me enseña la suciedad en mi cara, y la ley de Dios me enseña el pecado que hay en mi corazón. Así como el espejo no puede limpiar mi cara, los Diez Mandamientos no pueden limpiar mi corazón.

> Nadie será justificado en presencia de Dios por hacer las obras que exige la ley; más bien, mediante la ley cobramos conciencia del pecado (Romanos 3:20).

Por muy buenos que nos creamos, no somos lo suficientemente buenos para vivir con Dios en el cielo.

Necesitamos un Salvador.

1. No tengas ningún otro dios aparte de mí.

2. No te hagas ninguna clase de ídolo... porque yo soy el Señor tu Dios.

3. No hagas mal uso del nombre del Señor tu Dios.

4. Acuérdate de guardar el día de descanso al mantenerlo santo.

5. Honra a tu padre y a tu madre.

6. No cometas asesinato.

7. No cometas adulterio.

8. No robes.

9. No des falso testimonio contra tu prójimo.

10. No codicies la esposa de tu prójimo... ni ninguna otra cosa que le pertenezca.

Los Diez Mandamientos dieron a la nueva nación un criterio claro del bien y del mal. Eso fue algo bueno, pero la Ley de Dios también trajo malas noticias. Mostró al pueblo que tenía un problema muy serio. Debido a sus pecados, todos debían morir y ser separados de Dios.

La buena noticia era que el SEÑOR seguiría aceptando la sangre derramada de corderos, toros, machos cabríos y tórtolas para cubrir sus pecados. Y por eso, el mismo día que Dios dio sus Diez Mandamientos con voz de trueno, también dijo a Moisés:

"Háganme un altar… y ofrézcanme sobre él sus holocaustos" (Éxodo 20:24).

¿Ves a Moisés con la mano sobre la cabeza del cordero? ¿Ves a la gente extendiendo sus manos hacia el cordero? Creen a Dios y su camino de perdón, y por eso sus pecados son cargados sobre el cordero inocente. Después, el cordero sería sacrificado sobre el altar. La sangre derramada cubriría los pecados del pueblo. Luego, el cuerpo del animal se quemaría hasta quedar reducido a cenizas. Aquellas cenizas mostrarían al pueblo lo que Dios había hecho con sus pecados. ¡Habían sido perdonados!

Pero este sistema de ofrecer la sangre de animales por el perdón de pecados solo era una ilustración de lo que Dios realmente exigía.

El sistema antiguo bajo la ley de Moisés era sólo una sombra —un tenue anticipo de las cosas buenas por venir— no las cosas buenas en sí mismas. Bajo aquel sistema se repetían los sacrificios una y otra vez, año tras año, pero nunca pudieron limpiar por completo a quienes venían a adorar. Si los sacrificios hubieran podido limpiar por completo, entonces habrían dejado de ofrecerlos, porque los adoradores se habrían purificado una sola vez y para siempre, y habrían desaparecido los sentimientos de culpa.

Pero en realidad, esos sacrificios les recordaban sus pecados año tras año. Pues no es posible que la sangre de los toros y las cabras quite los pecados (Hebreos 10:1-4).

Los animales no fueron creados a imagen de Dios.

El valor de un cordero no es igual al valor de un hombre. Así como no puedes llevar un coche de juguete a un concesionario y ofrecerlo como pago por un vehículo real, asimismo la sangre de un cordero no podía pagar el alto precio exigido por la ley del pecado y de la muerte.

Hacía falta un sacrificio mejor.

Aunque los sacrificios de animales no podían quitar la deuda de pecado del mundo, ofrecían a los pecadores una ilustración de Aquel que sí podía quitarla.

Escena 36
Más profecías

Al acercarse más y más el momento de la llegada del Salvador, el Señor les dijo a sus profetas que escribieran muchas más profecías[12] sobre este Mesías-Rey. A continuación, se presentan algunas de esas profecías antiguas:

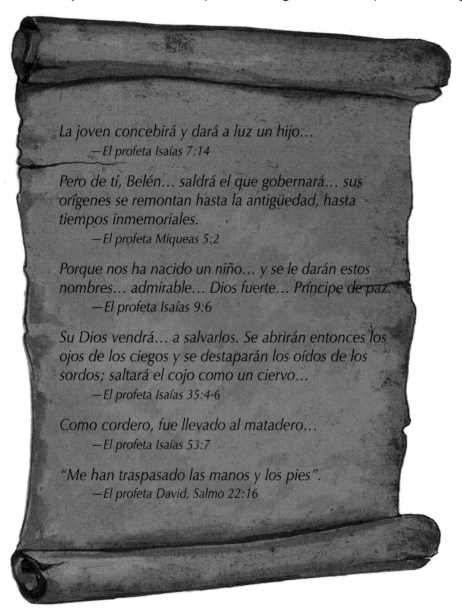

La joven concebirá y dará a luz un hijo...
—El profeta Isaías 7:14

Pero de ti, Belén... saldrá el que gobernará... sus orígenes se remontan hasta la antigüedad, hasta tiempos inmemoriales.
—El profeta Miqueas 5:2

Porque nos ha nacido un niño... y se le darán estos nombres... admirable... Dios fuerte... Príncipe de paz.
—El profeta Isaías 9:6

Su Dios vendrá... a salvarlos. Se abrirán entonces los ojos de los ciegos y se destaparán los oídos de los sordos; saltará el cojo como un ciervo...
—El profeta Isaías 35:4-6

Como cordero, fue llevado al matadero...
—El profeta Isaías 53:7

"Me han traspasado las manos y los pies".
—El profeta David, Salmo 22:16

¡El Salvador prometido venía!
Pero, ¿cuándo? Y, ¿quién sería?
¿Cómo se cumplirían estas profecías?

Parte 2

El Rey CUMPLE SU PLAN

—Nuevo Testamento—

ESCENA 37
LA HISTORIA DEL REY CONTINÚA

¿Qué te ha parecido la primera parte del libro del Rey? ¿Qué aprendiste del Antiguo Testamento?

Testamento significa *acuerdo* o *pacto*. Mucho antes de dar las Escrituras del Nuevo Testamento, Dios dijo:

"Vienen días… en que haré un nuevo pacto" (Jeremías 31:31).

En el primer pacto con su pueblo, Dios les dio muchas leyes para mostrarles su propia santidad y la pecaminosidad de ellos. También les dio muchas ilustraciones y profecías del Salvador venidero. En el antiguo pacto, los profetas predijeron que el Mesías-Rey *vendría*. Pero, ¡en el nuevo pacto leemos que el Mesías-Rey *vino*!

El Nuevo Testamento contiene el *evangelio*. En el idioma árabe, se llama *Injil*. Las dos palabras significan *buenas noticias*. El evangelio comienza con estas palabras:

El siguiente es un registro de los antepasados de Jesús el Mesías, descendiente de David y de Abraham: Abraham fue el padre de Isaac. Isaac fue el padre de Jacob… (Mateo 1:1-2 NTV).

Nombre tras nombre, las Escrituras registran una cadena ininterrumpida de descendientes desde Abraham hasta Jesús. Dios cumpliría su promesa de bendecir a todas las naciones al enviar al Salvador a través de la línea familiar de Abraham.

El Nuevo Testamento contiene cuatro Evangelios. ¿Por qué cuatro? ¿Por qué no bastaba con uno? En el Antiguo Testamento, Dios le dijo a Moisés:

Los hechos del caso deben ser establecidos por el testimonio de dos o tres testigos (Deuteronomio 19:15 NTV).

Para confirmar su historia y mensaje, Dios escogió no solo a dos o tres, sino a cuatro personas para escribir cuatro informes separados sobre la vida del Mesías. Sus nombres son Mateo, Marcos, Lucas y Juan. Como cuatro periodistas que cubren el mismo suceso, cada uno cuenta la misma historia, pero cada uno desde una perspectiva diferente.

El Nuevo Testamento tiene un total de 27 libros. El libro de Hechos, escrito por Lucas, cuenta qué pasó después de que el Mesías acabara su misión. Dios inspiró a Pablo (antes Saulo, un perseguidor de los cristianos), a Santiago y Judas (medio hermanos de Jesús), y a Pedro y Juan (pescadores) para escribir el resto del Nuevo Testamento. Cada libro revela más y más acerca del rey y sus planes para todos los que le aman.

Ahora veremos el resto de la historia.

ESCENA 38
LA HISTORIA DE MARÍA

Había llegado la hora. Después de miles de años de preparación, Dios estaba a punto de enviar el Salvador-Mesías-Rey prometido al mundo. Pero, ¿quién sería? Y, ¿cómo vendría?

En tiempos de Herodes, Rey de Judea… Dios envió al ángel Gabriel a Nazaret, pueblo de Galilea, a visitar a una joven virgen comprometida para casarse con un hombre que se llamaba José, descendiente de David. La virgen se llamaba María.

El ángel se acercó a ella y le dijo: "¡Te saludo, tú que has recibido el favor de Dios! El Señor está contigo". Ante estas palabras, María se perturbó, y se preguntaba qué podría significar este saludo.

"No tengas miedo, María; Dios te ha concedido su favor —le dijo el ángel—. Quedarás encinta y darás a luz un hijo, y le pondrás por nombre Jesús. Él será un gran hombre, y lo llamarán Hijo del Altísimo. Dios el Señor le dará el trono de su padre David, y reinará… Su reinado no tendrá fin".

"¿Cómo podrá suceder esto —le preguntó María al ángel—, puesto que soy virgen?".

"El Espíritu Santo vendrá sobre ti, y el poder del Altísimo te cubrirá con su sombra. Así que al santo niño que va a nacer lo llamarán Hijo de Dios" (Lucas 1:5, 26-28, 30-35).

¿Por qué le llamó Gabriel a Jesús "el Hijo de Dios"?

Algunos creen que esta expresión significa que Dios tomó una esposa y engendró un hijo. Eso *no* es lo que significa. Si eres del continente de África, alguien puede llamarte "hijo de África". ¿Significa eso que África se casó y tuvo un hijo? ¡No! Quiere decir que vienes de África.

El Mesías se llama el Hijo de Dios porque vino de Dios. Entró a la familia de Adán, que estaba arruinada por el pecado, pero no tuvo su origen en ella. Él es el mismísimo Verbo, Alma e Hijo de Dios.

En el principio ya existía el Verbo, y el Verbo estaba con Dios, y el Verbo era Dios. Él estaba con Dios en el principio. Por medio de él todas las cosas fueron creadas; sin él, nada de lo creado llegó a existir… Y el Verbo se hizo hombre y habitó entre nosotros. Y hemos contemplado su gloria, la gloria que corresponde al Hijo unigénito del Padre, lleno de gracia y de verdad (Juan 1:1-3, 14).

¿Recuerdas la promesa que Dios hizo el día que Adán comió el fruto prohibido? Anunció que la *simiente de la mujer* iba a *aplastar la cabeza de la serpiente*.

Esa Simiente prometida estaba en el vientre de una virgen.

Quedaba por ver cómo aplastaría la cabeza de la serpiente.

Escena 39
La historia de José

María había sido prometida en matrimonio a José, un carpintero que vivía en Nazaret, un pueblo fronterizo en el norte de Palestina.

Tanto María como José eran judíos que podían trazar su ascendencia hasta el rey David y más atrás, hasta Abraham. José hubiera podido ser el príncipe heredero, pero su país estaba bajo el gobierno de Roma. Soldados romanos patrullaban las calles. Cualquier judío sospechoso de traición era arrestado y crucificado. Los cobradores de impuestos robaban al pueblo. La vida era amarga.

Pero José estaba emocionado. Dentro de poco se casaría con María. Trabajaba mucho para preparar un lugar donde pudieran vivir juntos después de la boda. Pero un día, recibió una noticia espantosa: María estaba embarazada.

¿Cómo crees que se sintió José? Aparentemente, María le había sido infiel.

José estaba desconsolado, pero quería hacer lo correcto. Así que decidió finalizar el noviazgo discretamente, porque no quería avergonzarla.

> Pero cuando él estaba considerando hacerlo, se le apareció en sueños un ángel del Señor y le dijo: "José, hijo de David, no temas recibir a María por esposa, porque ella ha concebido por obra del Espíritu Santo. Dará a luz un hijo, y le pondrás por nombre Jesús, porque él salvará a su pueblo de sus pecados".
>
> Todo esto sucedió para que se cumpliera lo que el Señor había dicho por medio del profeta: "La virgen concebirá y dará a luz un hijo, y lo llamarán Emanuel" (que significa "Dios con nosotros") (Mateo 1:20-23).

La pena de José se convirtió en gozo. *¡Qué honor! ¡María sería la madre del Mesías prometido! ¡Y él, José, sería el tutor legal del niño!*

El santo Mesías tendría una madre humana, pero no un padre humano. Su nombre sería Jesús, que significa *el Señor salva*, o simplemente, *Salvador*.

> Cuando José se despertó, hizo lo que el ángel del Señor le había mandado y recibió a María por esposa. Pero no tuvo relaciones conyugales con ella hasta que dio a luz un hijo, a quien le puso por nombre Jesús (Mateo 1:24-25).

La mano de Dios estaba en todo el asunto.

ESCENA 40
LA LLEGADA

Setecientos años antes, el profeta Miqueas había predicho que el Mesías-Rey nacería en Belén, la antigua ciudad natal del rey David.

Pero había un problema. María y José vivían en Nazaret, a tres días de viaje hacia el norte. ¿Cómo se cumplirían las Escrituras?

Dios lo tenía todo bajo control.

Al acercarse el momento en el que María iba a dar a luz, el emperador romano Augusto César decretó que todos los súbditos del imperio regresaran inmediatamente a la ciudad de sus ancestros para registrarse con el fin de pagar impuestos. Así que José y María, esta en estado avanzado de embarazo, viajaron desde Nazaret a Belén.

> Mientras estaban allí, llegó el momento para que naciera el bebé. María dio a luz a su primer hijo, un varón. Lo envolvió en tiras de tela y lo acostó en un pesebre, porque no había alojamiento disponible para ellos (Lucas 2:6-7 NTV).

Allí en Belén, atiborrada de viajeros cansados (venidos para censarse), nació la *Simiente de la mujer* prometida. El Evangelio registra el evento con precisión:

> María dio a luz a su primer hijo, un varón (Lucas 2:7 NTV).

Por parte de su madre, este bebé era el hijo recién nacido de María; pero por parte de su Padre, era el eterno Hijo de Dios. El mismo Verbo por medio del cual Dios creó el mundo, la misma Voz que tronó desde el ardiente monte Sinaí, ahora podía escucharse en el pequeño llanto de un bebé.

¿Y dónde nació?

No nació en el palacio de un rey ni en un hospital, ni siquiera en una posada. El rey del cielo nació donde nacen los corderos: en un establo, con un pesebre por cuna.

Todo esto era parte del plan de Dios.

> Ya conocen la gracia de nuestro Señor Jesucristo, que aunque era rico, por causa de ustedes se hizo pobre, para que mediante su pobreza ustedes llegaran a ser ricos (2 Corintios 8:9).

Pero, ¿no podía Dios haber organizado alguna celebración en honor de la llegada de su Hijo?

Lo hizo.

ESCENA 41

LA HISTORIA DE LOS PASTORES

¿Quiénes fueron los primeros en recibir la noticia de la venida del Mesías al mundo? ¿El emperador? ¿Los ricos y famosos? ¿Los líderes religiosos?

No.

Los primeros en recibir la noticia electrizante eran unos pobres pastores, hombres que criaban corderos para ser sacrificados en el altar del templo en Jerusalén.

> En esa misma región había unos pastores que pasaban la noche en el campo, turnándose para cuidar sus rebaños. Sucedió que un ángel del Señor se les apareció. La gloria del Señor los envolvió en su luz, y se llenaron de temor. Pero el ángel les dijo: "No tengan miedo. Miren que les traigo buenas noticias que serán motivo de mucha alegría para todo el pueblo. Hoy les ha nacido en la ciudad de David un Salvador, que es Cristo[13] el Señor. Esto les servirá de señal: Encontrarán a un niño envuelto en pañales y acostado en un pesebre".

> De repente apareció una multitud de ángeles del cielo, que alababan a Dios y decían: "Gloria a Dios en las alturas, y en la tierra paz a los que gozan su buena voluntad".

> Cuando los ángeles se fueron al cielo, los pastores se dijeron unos a otros: "Vamos a Belén, a ver esto que ha pasado y que el Señor nos ha dado a conocer".

> Así que fueron de prisa y encontraron a María y a José, y al niño que estaba acostado en el pesebre. Cuando vieron al niño, contaron lo que les habían dicho acerca de él, y cuantos lo oyeron se asombraron de lo que los pastores decían (Lucas 2:8-18).

¡Qué historia, la que tenían para contar los pastores!

¡Ha nacido el Salvador! ¡Le hemos visto! ¡Le hemos tocado! ¡Los ángeles nos dijeron que es Cristo el Señor! ¡El cielo se llenó de un coro de ángeles! ¡La noche se volvió como el día! ¡El Mesías ha llegado! ¡Está aquí! ¡Está aquí!

Algunos creyeron el mensaje de los pastores. La mayoría no creyó. Pero lo creyeran o no, el Rey, cuyo cumpleaños dividió la historia mundial en dos,[14] se había unido a la raza humana.

> Ocho días después, cuando el bebé fue circuncidado, le pusieron por nombre Jesús, el nombre que había dado el ángel aun antes de que el niño fuera concebido (Lucas 2:21 NTV).

Escena 42

La historia de los magos

Después del nacimiento de Jesús en el establo, José buscó un alojamiento apropiado para su pequeña familia.

Un día, unos magos (hombres sabios que estudiaban las estrellas) llegaron a Jerusalén emocionados. Guiados por una estrella especial, estos hombres habían venido de la lejana Persia en busca del Rey recién nacido.

Estos hombres sabios tenían una sola pregunta y una sola misión:

"¿Dónde está el que ha nacido Rey de los judíos? —preguntaron—. Vimos levantarse su estrella y hemos venido a adorarlo".

Cuando lo oyó el Rey Herodes, se turbó, y toda Jerusalén con él. Así que convocó de entre el pueblo a todos los… maestros de la ley, y les preguntó dónde había de nacer el Cristo.

"En Belén de Judea —le respondieron—, porque… es lo que ha escrito el profeta…"

Luego Herodes llamó en secreto a los sabios… y les dijo: "Vayan e infórmense bien de ese niño y, tan pronto como lo encuentren, avísenme para que yo también vaya y lo adore".

Después de oír al rey, siguieron su camino, y sucedió que la estrella que habían visto levantarse iba delante de ellos hasta que se detuvo sobre el lugar donde estaba el niño.

Al ver la estrella, se llenaron de alegría.

Cuando llegaron a la casa, vieron al niño con María, su madre; y postrándose lo adoraron. Abrieron sus cofres y le presentaron como regalos oro, incienso y mirra.

Entonces, advertidos en sueños de que no volvieran a Herodes, regresaron a su tierra por otro camino.

Cuando ya se habían ido, un ángel del Señor se le apareció en sueños a José y le dijo: "Levántate, toma al niño y a su madre, y huye a Egipto. Quédate allí hasta que yo te avise, porque Herodes va a buscar al niño para matarlo" (Mateo 2:1-13).

Herodes intentó asesinar al niño, la gente de Jerusalén ignoró al niño; pero los magos, que habían cruzado un desierto abrasador para encontrarle, le adoraron y le hicieron regalos dignos de un rey: oro, incienso y una especia costosa para embalsamar a los muertos. ¿Por qué la especia para embalsamar?

¿Acaso sabían estos hombres sabios que Jesús había nacido para morir?

Escena 43
El Niño perfecto

Después de la advertencia del ángel, José llevó a María y al niño Jesús a Egipto, donde vivieron como refugiados hasta la muerte del cruel rey Herodes.

> Después de que murió Herodes, un ángel del Señor se le apareció en sueños a José en Egipto y le dijo: "Levántate, toma al niño y a su madre, y vete a la tierra de Israel, que ya murieron los que amenazaban con quitarle la vida al niño" (Mateo 2:19-20).

Así se cumplió otra antigua profecía dicha por el Señor:

> De Egipto llamé a mi hijo (Oseas 11:1).

Así que José y María llevaron a Jesús a Nazaret, donde creció junto con sus medio hermanos y hermanas.[15]

En muchos aspectos, el niño Jesús era como los otros. Comía, dormía, jugaba, estudiaba y aprendía un oficio. Pero en otros, Jesús era diferente a los demás. Nunca era egoísta. Siempre honraba a sus padres. Nunca mentía. Siempre agradaba a su Padre celestial. Él era:

> Santo, irreprochable, puro, apartado de los pecadores (Hebreos 7:26).

Jesús fue el único niño perfecto de la historia. *Perfecto* no significa que nunca tuviera un grano o un rasguño en la rodilla. Quiere decir que tenía una naturaleza perfecta. Era perfectamente santo y bueno. También era perfecto en poder y sabiduría, pero antes de entrar al vientre de María, se impuso a sí mismo ciertas limitaciones para que pudiera vivir como un ser humano entre seres humanos.

> Jesús crecía en sabiduría y en estatura, y en el favor de Dios y de toda la gente (Lucas 2:52 NTV).

Cuando Jesús tuvo 12 años, viajó con sus padres desde Nazaret hasta Jerusalén para la fiesta anual del sacrificio, conocida como la Pascua.[16] Mientras que sus amigos de la infancia exploraban la gran ciudad, Jesús pasó la semana en el patio del templo, sentado entre los maestros, escuchándoles y haciendo preguntas.

> Todos los que lo oían quedaban asombrados de su entendimiento y de sus respuestas (Lucas 2:47 NTV).

El templo era el lugar donde se quemaban corderos sobre un altar por los pecados del pueblo. El niño Jesús comprendía lo que los eruditos ignoraban.

Él había venido para ofrecer el último Cordero.

ESCENA 44
EL CORDERO DE DIOS

Habían pasado treinta años desde el nacimiento de Jesús en Belén. Augusto César había muerto; su hijastro Tiberio César reinaba sobre el Imperio Romano. Herodes Antipas gobernaba en Galilea. Poncio Pilato gobernaba en Judea. Y había un nuevo profeta que predicaba en Palestina.

> En aquellos días se presentó Juan el Bautista predicando en el desierto de Judea. Decía: "Arrepiéntanse, porque el reino de los cielos está cerca". Juan era aquel de quien había escrito el profeta Isaías:
>
> "Voz de uno que grita en el desierto: 'Preparen el camino para el Señor, háganle sendas derechas'".
>
> La ropa de Juan estaba hecha de pelo de camello. Llevaba puesto un cinturón de cuero y se alimentaba de langostas y miel silvestre (Mateo 3:1-4).

Aunque mucha gente de su época se vestía con seda fina y comía los mejores manjares, Juan vivía con sencillez. Era un hombre en misión.

Juan era el precursor del Rey.

Cientos de años antes, dos profetas —Isaías y Malaquías— escribieron sobre un profeta futuro que anunciaría la llegada del Mesías-Rey. Juan era ese profeta.

Mientras que los profetas anteriores habían profetizado: *En el momento preciso, el Salvador prometido vendrá a la tierra*, Juan predicaba: *El momento ha llegado. ¡El Salvador está aquí!*

Multitudes acudían al desierto para escuchar a Juan. Los que confesaban su condición como pecadores que necesitaban al Salvador se bautizaban en el río Jordán. De esta forma, mostraban su fe en el Mesías, que lavaría su gran deuda de pecado y les vestiría con su justicia.

Día tras día, semana tras semana, Juan hablaba a la gente acerca del tan esperado Salvador del cielo, a quien "ni siquiera merezco llevarle las sandalias. Él los bautizará con el Espíritu Santo y con fuego" (Mateo 3:11).

Entonces un día, el Salvador llegó por la colina, en medio de la multitud, y bajó hasta donde Juan estaba bautizando.

Juan señaló a Jesús y dijo:

> "¡Aquí tienen al Cordero de Dios, que quita el pecado del mundo!" (Juan 1:29).

¿Por qué le llamó Juan a Jesús el Cordero de Dios?

Si sabes por qué, sabes cuál era la misión del Rey.

ESCENA 45
EL HIJO PERFECTO

Jesús pidió a Juan que le bautizara. Juan protestó porque el Mesías-Rey que había venido del cielo no necesitaba arrepentirse.

"Dejémoslo así por ahora, pues nos conviene cumplir con lo que es justo" —le contestó Jesús (Mateo 3:15).

Así que Juan bautizó a Jesús. Al bautizarse, Jesús mostró que pertenecía a la familia humana que había venido a rescatar.

Tan pronto como Jesús fue bautizado, subió del agua. En ese momento se abrió el cielo, y él vio al Espíritu de Dios bajar como una paloma y posarse sobre él. Y una voz del cielo decía: "Éste es mi Hijo amado; estoy muy complacido con él" (Mateo 3:16-17).

Como en el primer día de la creación, la compleja unidad de Dios se manifiesta de nuevo. Así como Dios, su Espíritu y su Palabra (Verbo) trabajaron como uno para crear el mundo, ahora obrarían como uno para salvarlo.[17]

Vemos al *Espíritu de Dios* (que en el principio iba y venía sobre la superficie de las aguas) descender sobre Jesús. Observamos al *Hijo de Dios* (la Palabra, o el Verbo, que creó el mundo) emerger del río. Oímos al *Padre* hablar desde el cielo.

Durante los últimos treinta años, Jesús había vivido lejos del ojo público, pero su Padre en el cielo había observado cada pensamiento, palabra y acción. Y, ¿cuál fue su veredicto sobre la vida de su Hijo?

"Estoy muy complacido con él".

En toda la historia humana, Jesús es el único que hizo todo lo que Dios exige. Todo. Siempre. Perfectamente.

Jesús hizo lo que Adán no logró hacer: reflejar la imagen de Dios. Pero hizo más que reflejarla: Jesús era su imagen.

Dios, que muchas veces y de varias maneras habló a nuestros antepasados en otras épocas por medio de los profetas, en estos días finales nos ha hablado por medio de su Hijo. A éste lo designó heredero de todo, y por medio de él hizo el universo. El Hijo es el resplandor de la gloria de Dios, la fiel imagen de lo que él es, y el que sostiene todas las cosas con su palabra poderosa (Hebreos 1:1-3).

Con razón, Jesús dijo después:

"El Padre y yo somos uno" (Juan 10:30).

Jesús es el Hijo perfecto.

ESCENA 46

EL SEGUNDO HOMBRE

¡Satanás no estaba contento de ver a este Hombre perfecto viviendo en *su* reino! Pero el diablo tenía una estrategia. Así como había tentado al primer hombre a pecar, ahora intentaría conseguir que este Hombre pecara.

Satanás quería poner a Jesús bajo su control, así como hizo con Adán. Si el Hijo de Dios podía ser tentado a pecar, no estaría capacitado para salvar a su pueblo de sus pecados.

> Luego el Espíritu llevó a Jesús al desierto para que el diablo lo sometiera a tentación. Después de ayunar cuarenta días y cuarenta noches, tuvo hambre. El tentador se le acercó y le propuso: "Si eres el Hijo de Dios, ordena a estas piedras que se conviertan en pan" (Mateo 4:1-3).

Jesús tenía hambre, pero no obedeció al diablo. No actuaría fuera de la voluntad de su Padre ni usaría su poder infinito para satisfacer sus deseos humanos. Para combatir al diablo, Jesús citó de la Torá de Moisés:

> Escrito está: "No sólo de pan vive el hombre, sino de toda palabra que sale de la boca de Dios" (Mateo 4:4; Deuteronomio 8:3).

En su orgullo estúpido, el diablo intentó otra vez tentar al Santo.

> De nuevo lo tentó el diablo, llevándolo a una montaña muy alta, y le mostró todos los reinos del mundo y su esplendor. "Todo esto te daré si te postras y me adoras" (Mateo 4:8-9).

Cuando Adán pecó, la humanidad perdió su derecho a gobernar la tierra. Satanás robó el dominio del mundo y se hizo rey. Ahora, el Rey de gloria estaba en la tierra para recuperar el dominio, pero no lo haría postrándose ante aquel a quien había venido a aplastar.

> "¡Vete, Satanás! —le dijo Jesús—. Porque escrito está: 'Adora al Señor tu Dios y sírvele solamente a él'" (Mateo 4:10).

Finalmente, el diablo dejó a Jesús. Satanás nunca había tentado a nadie como Él, un hombre que no tenía el deseo ni la capacidad de pecar. Jesús era diferente a Adán y a sus descendientes.

> El primer hombre era del polvo de la tierra;
> el segundo hombre, del cielo (1 Corintios 15:47).

Adán fue el primer hombre perfecto; Jesús fue el segundo.

Cuando Satanás tentó a Adán a pecar, Adán perdió y Satanás ganó. Cuando Satanás intentó conseguir que Jesús pecara, Satanás perdió y Jesús ganó.

El primer hombre nos llevó al reino de Satanás de pecado y muerte. El Segundo Hombre vino a sacarnos de ahí.

Escena 47
El Mesías Rey

Después de los intentos inútiles de Satanás por hacer que Jesús pecara, Jesús regresó a Nazaret, donde había crecido y trabajado como carpintero.

Un sábado entró en la sinagoga, como era su costumbre (Lucas 4:16).

La sinagoga era un lugar de adoración donde se leían y se explicaban las Escrituras cada sábado. Ese sábado en particular, Jesús tenía un anuncio que hacer.

Se levantó para hacer la lectura, y le entregaron el libro del profeta Isaías. Al desenrollarlo, encontró el lugar donde está escrito:

"El Espíritu del Señor está sobre mí, por cuanto me ha ungido para anunciar buenas nuevas a los pobres. Me ha enviado a proclamar libertad a los cautivos y dar vista a los ciegos…" (Lucas 4:17-18).

Lo que Jesús había leído en las Escrituras era una antigua profecía sobre el Mesías-Rey que enseñaría al mundo cómo es Dios y rescataría a los pecadores del dominio de Satanás, del pecado, de la muerte y del infierno.

Luego [Jesús] enrolló el libro, se lo devolvió al ayudante y se sentó.

Todos los que estaban en la sinagoga lo miraban detenidamente, y él comenzó a hablarles: "Hoy se cumple esta Escritura en presencia de ustedes" (Lucas 4:20-21).

¿Cómo reaccionaron los vecinos de Jesús ante su afirmación de ser el Mesías venido del cielo para cumplir lo que los profetas habían dicho en las Escrituras?

Al oír esto, todos los que estaban en la sinagoga se enfurecieron. Se levantaron, lo expulsaron del pueblo y lo llevaron hasta la cumbre de la colina sobre la que estaba construido el pueblo, para tirarlo por el precipicio. Pero él pasó por en medio de ellos y se fue (Lucas 4:28-30).

Jesús tenía el dominio. A diferencia de los descendientes de Adán, infectados por el pecado y moribundos, el Mesías-Rey ungido[18] por Dios estaba en perfecto control. Nadie podía tocarle a menos que Él lo permitiera.

Pero Él sí les tocaría a ellos.

Escena 48

Dominio sobre los demonios y la enfermedad

En las Escrituras de los profetas, uno de los títulos del Mesías es *el Brazo del Señor* (Isaías 53:1). Los milagros de Jesús mostraban que era el Brazo de Dios en la tierra. Con un toque de su mano o una palabra de su boca, los enfermos y moribundos sanaban al instante.

> Se le acercaron grandes multitudes que llevaban cojos, ciegos, lisiados, mudos y muchos enfermos más, y los pusieron a sus pies; y él los sanó (Mateo 15:30).

Las palabras de los profetas se estaban cumpliendo.

> Los ciegos ven, los cojos andan, los que tienen lepra son sanados, los sordos oyen, los muertos resucitan y a los pobres se les anuncian las buenas nuevas (Mateo 11:5 [Isaías 35:4-6; 61:1]).

No había enfermedad que Jesús no pudiera curar.

> Un hombre que tenía lepra se le acercó, y de rodillas le suplicó: "Si quieres, puedes limpiarme".

> Movido a compasión, Jesús extendió la mano y tocó al hombre, diciéndole: "Sí quiero. ¡Queda limpio!".

> Al instante se le quitó la lepra y quedó sano (Marcos 1:40-42).

> Al ponerse el sol, la gente le llevó a Jesús todos los que padecían de diversas enfermedades; él puso las manos sobre cada uno de ellos y los sanó. Además, de muchas personas salían demonios que gritaban: "¡Tú eres el Hijo de Dios!".

> Pero él los reprendía y no los dejaba hablar porque sabían que él era el Cristo (Lucas 4:40-41).

Jesús no quería que los demonios testificaran sobre Él. Esos ángeles malignos habían presenciado su autoridad y poder cuando habló y los cielos y la tierra se formaron. Temblaban al recordar el día en que los expulsó del cielo. ¡Y ahora Él estaba viviendo en la tierra como un hombre! El dominio de su amo se estaba desmoronando. El Rey de gloria había invadido su territorio.

Dondequiera que Jesús iba, el poder de Satanás se debilitaba. Dondequiera que iba Jesús, la maldición del pecado retrocedía.

Junto con los milagros, Jesús tenía un mensaje:

> "Se ha cumplido el tiempo —decía—. El reino de Dios está cerca. ¡Arrepiéntanse y crean las buenas nuevas!" (Marcos 1:15).

ESCENA 49

DOMINIO SOBRE EL VIENTO Y LAS OLAS

Jesús seleccionó a doce hombres para viajar con Él y aprender de Él. También le seguían muchas mujeres. Ellas apoyaban a Jesús y a sus discípulos con alimentos y dinero.

A los que creían en Él, su llamado era sencillo:

"Sígueme" (Lucas 5:27).

Pero su llamado también era costoso:

"El que quiere a su padre o a su madre más que a mí
no es digno de mí; el que quiere a su hijo o a su hija
más que a mí no es digno de mí" (Mateo 10:37).

Dado que varios de sus discípulos eran pescadores, Jesús a menudo pasaba el día junto al mar de Galilea. La gente acudía a Él de todas partes.

De nuevo comenzó Jesús a enseñar a la orilla del lago. La
multitud que se reunió para verlo era tan grande que él
subió y se sentó en una barca que estaba en el lago, mientras
toda la gente se quedaba en la playa (Marcos 4:1).

Después de pasar el día enseñando, Jesús les dijo a sus discípulos: "Crucemos al otro lado". Ya estaba en la barca, así que salieron y dejaron a la multitud.

Se desató entonces una fuerte tormenta, y las olas
azotaban la barca, tanto que ya comenzaba a inundarse.
Jesús, mientras tanto, estaba en la popa, durmiendo sobre
un cabezal, así que los discípulos lo despertaron.

"¡Maestro! —gritaron—, ¿no te importa que nos ahoguemos?".

Él se levantó, reprendió al viento y ordenó al mar: "¡Silencio! ¡Cálmate!".

El viento se calmó y todo quedó completamente tranquilo.

"¿Por qué tienen tanto miedo? —dijo a sus
discípulos—. ¿Todavía no tienen fe?".

Ellos estaban espantados y se decían unos a otros: "¿Quién es
éste, que hasta el viento y el mar le obedecen?" (Marcos 4:37-41).

¿Quién es *éste*? Mil años antes, el profeta David ya había respondido a esa pregunta:

Como ebrios tropezaban, se tambaleaban; de nada les
valía toda su pericia. En su angustia clamaron al Señor, y
él los sacó de su aflicción. Cambió la tempestad en suave
brisa: se sosegaron las olas del mar (Salmo 107:27-29).

¿Quién puede calmar el viento y las olas simplemente al hablarles?

La misma Voz que los creó.

Escena 50

Dominio sobre el pecado

U n día, cuatro hombres que cargaban la camilla de un hombre paralítico entraron a la casa donde estaba Jesús.

Intentaron abrirse paso a empujones, pero el lugar estaba tan atiborrado de gente que no pudieron entrar. Así que subieron al tejado, quitaron unas tejas y bajaron la camilla a la habitación, justo delante de Jesús.

> Al ver Jesús la fe de ellos, le dijo al paralítico: "Hijo, tus pecados quedan perdonados" (Marcos 2:5).

Jesús sabía que la mayor necesidad de este hombre no era volver a andar, sino recibir perdón por sus pecados.

> Algunos de los maestros de la ley religiosa que estaban allí sentados pensaron: "¿Qué es lo que dice? ¡Es una blasfemia! ¡Sólo Dios puede perdonar pecados!".

> En ese mismo instante, Jesús supo lo que pensaban, así que les preguntó: "¿Por qué cuestionan eso en su corazón? ¿Qué es más fácil decirle al paralítico: 'Tus pecados son perdonados' o 'Ponte de pie, toma tu camilla y camina'? Así que les demostraré que el Hijo del Hombre tiene autoridad en la tierra para perdonar pecados".

> Entonces Jesús miró al paralítico y dijo: "¡Ponte de pie, toma tu camilla y vete a tu casa!".

> Y el hombre se levantó de un salto, tomó su camilla y salió caminando entre los espectadores, que habían quedado atónitos.

> Todos estaban asombrados y alababan a Dios, exclamando: "¡Jamás hemos visto algo así!" (Marcos 2:6-12 ntv).

Los maestros de la ley estaban cegados por su religión y su orgullo. Sus pensamientos discurrían algo así: *¡Jesús, eres un blasfemo! Insultas a Dios porque afirmas que puedes perdonar los pecados. Sin embargo, ¡solo Dios puede hacer eso!*

Tenían razón al pensar que solo Dios podía perdonar los pecados, pero se habían equivocado en sus conclusiones respecto a quién era Jesús.

¿Quién crees *tú* que es Jesús? ¿Te acuerdas del significado de su nombre? *El Señor salva.*

En un pueblo palestino donde Jesús enseñó, la gente llegó a esta conclusión:

> Ahora lo hemos oído nosotros mismos, y sabemos que verdaderamente éste es el Salvador del mundo (Juan 4:42).

Escena 51

Dominio sobre la muerte

Jesús tenía dominio sobre cada parte de la creación. Sin embargo, no iba por ahí diciendo: "¡Adórenme! ¡Soy Dios! ¡Soy Dios!". Simplemente, hacía las cosas que solo Dios podía hacer y dejaba que la gente llegara a sus propias conclusiones.

Basándote en las próximas dos historias, ¿quién crees que es Jesús?

Jesús, en compañía de sus discípulos y de una gran multitud, se dirigió a un pueblo llamado Naín. Cuando ya se acercaba a las puertas del pueblo, vio que sacaban de allí a un muerto, hijo único de madre viuda. La acompañaba un grupo grande de la población.

Al verla, el Señor se compadeció de ella y le dijo: "No llores".

Entonces se acercó y tocó el féretro. Los que lo llevaban se detuvieron, y Jesús dijo: "Joven, ¡te ordeno que te levantes!".

El muerto se incorporó y comenzó a hablar, y Jesús se lo entregó a su madre. Todos se llenaron de temor y alababan a Dios (Lucas 7:11-16).

En otra ocasión, Jesús visitó a dos hermanas que estaban de luto, Marta y María. Hacía cuatro días que había muerto su hermano Lázaro.

"Señor —le dijo Marta a Jesús—, si hubieras estado aquí, mi hermano no habría muerto…".

Jesús le dijo: "Yo soy la resurrección y la vida. El que cree en mí vivirá, aunque muera; y todo el que vive y cree en mí no morirá jamás. ¿Crees esto?".

"Sí, Señor; yo creo que tú eres el Cristo, el Hijo de Dios, el que había de venir al mundo…".

Jesús se acercó al sepulcro. Era una cueva cuya entrada estaba tapada con una piedra. "Quiten la piedra" —ordenó Jesús.

Marta, la hermana del difunto, objetó: "Señor, ya debe oler mal, pues lleva cuatro días allí".

"¿No te dije que si crees verás la gloria de Dios? —le contestó Jesús. Entonces quitaron la piedra… Dicho esto, gritó con todas sus fuerzas: "¡Lázaro, sal fuera!". El muerto salió, con vendas en las manos y en los pies, y el rostro cubierto con un sudario. "Quítenle las vendas y dejen que se vaya" —les dijo Jesús (Juan 11:21, 25-27, 38-41, 43-44).

El Señor Jesús es la única persona de la historia que pudo decir:

"Yo SOY la resurrección y la vida".

Sus obras prueban que sus palabras eran ciertas.

Escena 52
El Proveedor

Grandes multitudes seguían a Jesús, a veces durante varios días. A menudo, le encontraban en lugares desiertos, donde iba a pasar tiempo con sus discípulos. A veces, la multitud tenía hambre.

Eso fue lo que pasó una tarde, cuando más de 5000 personas se habían reunido en una ladera al oriente del mar de Galilea. Entonces Jesús le preguntó a Felipe, uno de sus discípulos:

"¿Dónde podemos comprar pan para alimentar a toda esta gente?". Lo estaba poniendo a prueba, porque Jesús ya sabía lo que iba a hacer.

Felipe contestó: "¡Aunque trabajáramos meses enteros, no tendríamos el dinero suficiente para alimentar a toda esta gente!".

Entonces habló Andrés, el hermano de Simón Pedro: "Aquí hay un muchachito que tiene cinco panes de cebada y dos pescados. ¿Pero de qué sirven ante esta enorme multitud?".

Jesús dijo: "Díganles a todos que se sienten". Así que todos se sentaron sobre la hierba, en las laderas. (Sólo contando a los hombres sumaban alrededor de cinco mil).

Luego Jesús tomó los panes, dio gracias a Dios y los distribuyó entre la gente. Después hizo lo mismo con los pescados. Y todos comieron cuanto quisieron.

Una vez que quedaron satisfechos, Jesús les dijo a sus discípulos: "Ahora junten lo que sobró, para que no se desperdicie nada".

Entonces ellos juntaron las sobras y llenaron doce canastos con los restos que la multitud había dejado después de comer de los cinco panes de cebada (Juan 6:5-13 NTV).

Al día siguiente, algunos de la multitud vinieron en busca de Jesús. Querían convertirle en su rey, pero solo para que les salvara de sus opresores romanos y les siguiera alimentando. Jesús les dijo:

"No se preocupen tanto por las cosas que se echan a perder, tal como la comida. Pongan su energía en buscar la vida eterna que puede darles el Hijo del Hombre.[19] Pues Dios Padre me ha dado su sello de aprobación…".

"Yo soy el pan de vida. El que viene a mí nunca volverá a tener hambre; el que cree en mí no tendrá sed jamás" (Juan 6:27, 35 NTV).

La comida puede mantener tu cuerpo con vida durante un tiempo, pero solo el Señor Jesús puede darte vida verdadera, durante un tiempo y por la eternidad.

Solo Jesús puede decir:

"Yo SOY el pan de vida".

ESCENA **53**

EL MAESTRO

Jesús no era como los líderes religiosos que decían cosas como: "¡Haz esto! ¡No hagas aquello! ¡Sigue estas normas! ¡Este es el camino!". Solo Jesús podía decir:

"Yo soy el camino, la verdad y la vida" (Juan 14:6 NTV).

Jesús también era distinto a los profetas que ofrecieron sacrificios por sus pecados y escribieron sobre el Mesías venidero. Jesús dijo:

"No malinterpreten la razón por la cual he venido. No vine para abolir la ley de Moisés o los escritos de los profetas. Al contrario, vine para cumplir sus propósitos" (Mateo 5:17 NTV).

A menudo, Jesús enseñaba a sus discípulos cómo debían vivir los ciudadanos del reino de los cielos para reflejar el carácter y la gloria de su Rey.

Han oído la ley que dice: "Ama a tu prójimo" y odia a tu enemigo. Pero yo digo: ¡ama a tus enemigos! ¡Ora por los que te persiguen!…

Cuando ores, no hagas como los hipócritas a quienes les encanta orar en público… donde todos pueden verlos… Pero tú, cuando ores, apártate a solas, cierra la puerta detrás de ti y ora a tu Padre en privado… Ora de la siguiente manera: Padre nuestro que estás en el cielo, que sea siempre santo tu nombre. Que tu reino venga pronto. Que se cumpla tu voluntad en la tierra como se cumple en el cielo. Danos hoy el alimento que necesitamos…

Así que no se preocupen por todo eso diciendo: "¿Qué comeremos?, ¿qué beberemos?, ¿qué ropa nos pondremos?". Esas cosas dominan el pensamiento de los incrédulos, pero su Padre celestial ya conoce todas sus necesidades. Busquen el reino de Dios por encima de todo lo demás y lleven una vida justa, y él les dará todo lo que necesiten…

Ten cuidado de los falsos profetas que vienen disfrazados de ovejas inofensivas pero en realidad son lobos feroces…

Todo el que escucha mi enseñanza y la sigue es sabio, como la persona que construye su casa sobre una roca sólida. Aunque llueva a cántaros y suban las aguas de la inundación y los vientos golpeen contra esa casa, no se vendrá abajo porque está construida sobre un lecho de roca.

Sin embargo, el que oye mi enseñanza y no la obedece es un necio, como la persona que construye su casa sobre la arena. Cuando vengan las lluvias y lleguen las inundaciones y los vientos golpeen contra esa casa, se derrumbará con un gran estruendo (Mateo 5:43-44; 6:5-6, 9-11, 31-33; 7:15, 24-27 NTV).

Nadie habló jamás como el Maestro del cielo.

Escena 54

Su majestad

Los maestros y los sacerdotes de los judíos no estaban nada contentos al ver que las multitudes escuchaban a Jesús. Querían que les escucharan a ellos, ¡no a Él!

Un día, los jefes de los sacerdotes enviaron a los guardias del templo para arrestar a Jesús, pero los guardias no fueron capaces de arrestarle. Cuando regresaron, los sacerdotes les preguntaron: "¿Se puede saber por qué no lo han traído?".

"¡Nunca nadie ha hablado como ese hombre!" —declararon los guardias (Juan 7:46).

Ni siquiera los profetas habían hablado como Jesús. Los profetas eran como velas que proyectaban relucientes rayos de luz en un mundo oscuro, pero el Mesías era "el sol de justicia" (Malaquías 4:2). ¿Quién necesita velas cuando sale el sol?

Jesús dijo:

"YO SOY la luz del mundo. El que me sigue no andará en tinieblas, sino que tendrá la luz de la vida" (Juan 8:12).

Jesús es el Verbo (la Palabra) que dijo en el principio: "Que haya luz". Él es la fuente primordial de la luz física y la espiritual.

Al acercarse la hora de cumplir su misión, el Mesías llevó a tres de sus discípulos —Pedro, Santiago y Juan— a lo alto de un monte.

Allí se transfiguró en presencia de ellos; su rostro resplandeció como el sol, y su ropa se volvió blanca como la luz.

En esto, se les aparecieron Moisés y Elías conversando con Jesús… Mientras estaba aún hablando, apareció una nube luminosa que los envolvió, de la cual salió una voz que dijo: "Éste es mi Hijo amado; estoy muy complacido con él. ¡Escúchenlo!".

Al oír esto, los discípulos se postraron sobre su rostro, aterrorizados. Pero Jesús se acercó a ellos y los tocó. "Levántense —les dijo—, no tengan miedo".

Cuando alzaron la vista, no vieron a nadie más que a Jesús (Mateo 17:1-3, 5-8).

Los discípulos nunca olvidaron lo que vieron ese día. Más tarde, Pedro escribiría: "Nosotros vimos su majestuoso esplendor con nuestros propios ojos" (2 Pedro 1:16 NTV) y Juan escribiría: "Hemos contemplado su gloria, la gloria que corresponde al Hijo unigénito del Padre, lleno de gracia y de verdad" (Juan 1:14).

Pero por ahora, la gloria del Hijo seguía escondida en su cuerpo de carne.

Había llegado la hora para que el Rey cumpliera su misión.

Escena 55
Su misión

Durante tres años, el Señor Jesús había estado viajando por Palestina "haciendo el bien y sanando a todos los que estaban oprimidos por el diablo" (Hechos 10:38). La gente común y corriente le amaba, pero los líderes religiosos en Jerusalén estaban conspirando para matarle, y Jesús lo sabía.

Cuando se acercaba el tiempo de ascender al cielo, Jesús salió con determinación hacia Jerusalén (Lucas 9:51 ntv).

Si tú supieras que un grupo de hombres malvados en una ciudad distante planea capturarte, torturarte y matarte, ¿irías allí?

Eso fue lo que hizo Jesús.

Desde entonces comenzó Jesús a advertir a sus discípulos que tenía que ir a Jerusalén y sufrir muchas cosas a manos de los ancianos, de los jefes de los sacerdotes y de los maestros de la ley, y que era necesario que lo mataran y que al tercer día resucitara (Mateo 16:21).

Esta no era la clase de Rey que los discípulos estaban buscando. *¿Un Mesías crucificado? Sin duda, ¡Dios no permitiría que su Santo Escogido sufriera tal dolor y vergüenza!* Así que Pedro le dijo a Jesús:

"¡De ninguna manera, Señor! ¡Esto no te sucederá jamás!".

Jesús se volvió y le dijo a Pedro: "¡Aléjate de mí, Satanás! Quieres hacerme tropezar; no piensas en las cosas de Dios sino en las de los hombres" (Mateo 16:22-23).

Los discípulos querían un Mesías-Rey que destruyera a los ocupantes romanos y estableciera un nuevo gobierno en Jerusalén. Incluso mientras viajaban, discutían sobre quiénes obtendrían las posiciones más altas en el reino de Dios. Así que Jesús les dijo a sus discípulos:

"El que quiera hacerse grande entre ustedes deberá ser su servidor… así como el Hijo del hombre no vino para que le sirvan, sino para servir y para dar su vida en rescate por muchos" (Mateo 20:26, 28).

En su primera venida a la tierra, el propósito del Mesías no era conquistar reinos políticos ni gobernar sobre tronos terrenales; Él vino a conquistar a Satanás y a reinar en los corazones humanos. Por eso, Jesús enseño:

"El reino de Dios está entre ustedes" (Lucas 17:21).

Pero antes de que el Rey del cielo pudiera reinar en los corazones (y más adelante, sobre el mundo entero), debía pagar la deuda de pecado del mundo y derrotar a la muerte.

Esa era su misión.

Escena 56
El Rey entra en Jerusalén

Todo iba conforme al plan. Al acercarse a Jerusalén, el Señor envió a dos de sus discípulos a hacer un recado.

"Vayan a la aldea que está enfrente y, al entrar en ella, encontrarán atado a un burrito en el que nadie se ha montado. Desátenlo y tráiganlo acá. Y si alguien les pregunta: '¿Por qué lo desatan?', díganle: 'El Señor lo necesita'".

Fueron y lo encontraron tal como él les había dicho. Cuando estaban desatando el burrito, los dueños les preguntaron: "¿Por qué desatan el burrito?".

"El Señor lo necesita" —contestaron. Se lo llevaron, pues, a Jesús. Luego pusieron sus mantos encima del burrito y ayudaron a Jesús a montarse.

A medida que avanzaba, la gente tendía sus mantos sobre el camino. Al acercarse él a la bajada del monte de los Olivos, todos los discípulos se entusiasmaron y comenzaron a alabar a Dios por tantos milagros que habían visto. Gritaban: "¡Bendito el Rey que viene en el nombre del Señor! ¡Paz en el cielo y gloria en las alturas!".

Algunos de los fariseos[20] que estaban entre la gente le reclamaron a Jesús: "¡Maestro, reprende a tus discípulos!".

Pero él respondió: "Les aseguro que si ellos se callan, gritarán las piedras" (Lucas 19:30-40).

¡Qué Rey tan diferente!

El Mesías-Rey no asaltó la capital con el sonido de trompetas y un ejército poderoso. No entró cabalgando sobre un corcel de guerra.

Entró montado sobre un humilde burro, joven e indomado (que normalmente hubiera dado coces y brincos), un animal con la marca distintiva de una cruz sobre su espalda y hombros, y más importante aún, el único que podía cumplir lo que el profeta Zacarías había escrito quinientos años antes:

¡Grita de alegría, hija de Jerusalén! Mira, tu rey viene hacia ti, justo, salvador y humilde. Viene montado en un asno, en un pollino, cría de asna (Zacarías 9:9).

¿Por qué no montó el Mesías-Rey un poderoso caballo de guerra al entrar a Jerusalén? Porque no había venido para salvar al pueblo de sus opresores romanos.

Había venido para salvar a su pueblo de sus pecados.

Escena 57
El Rey es interrogado

Durante los días siguientes, Jesús enseñó al pueblo en el templo donde, como niño, había asombrado a los eruditos con sus preguntas profundas y sus respuestas sabias. Los líderes del templo tenían ahora una actitud diferente:

"No queremos a éste por rey" (Lucas 19:14).

Así que interrogaban a Jesús con preguntas polémicas, esperando hacer que la gente se volviera contra Él.

Entonces, para acecharlo, enviaron espías que fingían ser gente honorable. Pensaban atrapar a Jesús en algo que él dijera, y así poder entregarlo a la jurisdicción del gobernador.

"Maestro —dijeron los espías— sabemos que lo que dices y enseñas es correcto. No juzgas por las apariencias, sino que de verdad enseñas el camino de Dios. ¿Nos está permitido pagar impuestos al césar o no?" (Lucas 20:20-22).

¿Qué contestaría Jesús? Si decía: "Sí, hay que pagar los impuestos al emperador", la población judía le acusaría de deslealtad a su causa. Por otra parte, si decía: "No, no se deben pagar los impuestos", llegaría a oídos del gobernador romano y este le condenaría por traición.

Pero Jesús, dándose cuenta de sus malas intenciones, replicó: "Muéstrenme una moneda romana. ¿De quién son esta imagen y esta inscripción?".

"Del césar" —contestaron.

"Entonces denle al césar lo que es del césar, y a Dios lo que es de Dios".

No pudieron atraparlo en lo que decía en público. Así que, admirados de su respuesta, se callaron (Lucas 20:23-26).

Una y otra vez, los diferentes grupos de eruditos religiosos intentaron atrapar a Jesús, pero Él contestaba con sabiduría cada vez.

Desde ese día ninguno se atrevía a hacerle más preguntas (Mateo 22:46).

Avergonzados, los eruditos se ausentaron para ira a conspirar con los principales sacerdotes con el fin de arrestar y ejecutar a Jesús. ¡Qué ceguera! ¡Aquellos sacerdotes, responsables de ofrecer sacrificios sobre el altar del templo, no tenían ni idea de que el hombre al que querían matar era Aquel a quien esos sacrificios representaban!

El plan secreto de Dios estaba a punto de llevarse a cabo.

Escena 58
El Rey es arrestado

E ra la víspera de la fiesta anual del sacrificio, llamada la Pascua.[16] Al día siguiente, se sacrificarían miles de corderos.

Aunque Jesús sabía que Él también moriría al día siguiente, pasó la velada cenando una última vez con sus discípulos. Durante la cena, tomó el pan, lo bendijo, lo partió y lo distribuyó para que comieran. También les pasó una copa. Les dijo que el pan partido debía hacerles pensar en su cuerpo y el líquido rojo, en su sangre que sería derramada para introducir el nuevo pacto para el perdón de los pecados.

A medianoche, llevó a sus discípulos a un jardín llamado Getsemaní. Allí, sabiendo los horrores que le esperaban, oró a su Padre.

Y en ese momento llegaron los líderes religiosos con una multitud de hombres armados. Jesús les dijo:

> "¿Acaso soy un peligroso revolucionario, para que vengan con espadas y palos para arrestarme? ¿Por qué no me arrestaron en el templo? Estuve enseñando allí todos los días. Pero todo esto sucede para que se cumplan las palabras de los profetas registradas en las Escrituras".

> En ese momento, todos los discípulos lo abandonaron y huyeron (Mateo 26:55-56 NTV).

Jesús permitió que le ataran y le llevaran a la casa del sumo sacerdote, donde se habían reunido los líderes judíos.

Allí, muchos hombres dijeron mentiras sobre Él.

> Muchos testificaban falsamente contra él, pero sus declaraciones no coincidían…

> Poniéndose de pie en el medio, el sumo sacerdote interrogó a Jesús: "¿No tienes nada que contestar? ¿Qué significan estas denuncias en tu contra?". Pero Jesús se quedó callado y no contestó nada. "¿Eres el Cristo, el Hijo del Bendito?" —le preguntó de nuevo el sumo sacerdote.

> "Sí, yo soy —dijo Jesús—. Y ustedes verán al Hijo del hombre sentado a la derecha del Todopoderoso, y viniendo en las nubes del cielo".

> "¿Para qué necesitamos más testigos? —dijo el sumo sacerdote, rasgándose las vestiduras—. ¡Ustedes han oído la blasfemia! ¿Qué les parece?".

> Todos ellos lo condenaron como digno de muerte.

> Algunos comenzaron a escupirle; le vendaron los ojos y le daban puñetazos. "¡Profetiza!" —le gritaban. Los guardias también le daban bofetadas (Marcos 14:56, 60-65).

El tribunal judío había sentenciado la pena de muerte, pero no tenía autoridad para llevarla a cabo. Solo un tribunal romano podía hacer eso.

Escena 59
El Rey es condenado

Era temprano en la mañana cuando los líderes religiosos y una multitud creciente llevaron a Jesús desde la casa del sumo sacerdote, a lo largo de las calles de Jerusalén, hasta el palacio del gobernador romano Poncio Pilato.

Los líderes religiosos querían que Pilato ejecutara a Jesús.

Comenzaron a presentar su caso: "Este hombre ha estado llevando al pueblo por mal camino al decirles que no paguen los impuestos al gobierno romano y al afirmar que él es el Mesías, un rey"…

[Después de interrogar a Jesús] Pilato se dirigió a los principales sacerdotes y a la multitud y les dijo: "¡No encuentro ningún delito en este hombre!".

"¡No te lo habríamos entregado si no fuera un criminal!" —replicaron…

Entonces Pilato volvió a entrar en su residencia y pidió que le trajeran a Jesús. "¿Eres tú el Rey de los judíos? —le preguntó—… ¿Qué has hecho?"

Jesús contestó: "Mi reino no es un reino terrenal. Si lo fuera, mis seguidores lucharían para impedir que yo sea entregado a los líderes judíos; pero mi reino no es de este mundo".

Pilato le dijo: "¿Entonces eres un rey?".

"Tú dices que soy un rey —contestó Jesús—. En realidad, yo nací y vine al mundo para dar testimonio de la verdad. Todos los que aman la verdad reconocen que lo que digo es cierto".

"¿Qué es la verdad?" —preguntó Pilato.

Entonces salió de nuevo adonde estaba el pueblo y dijo: "Este hombre no es culpable de ningún delito" (Lucas 23:2, 4; Juan 18:30, 33, 35-38 NTV).

Pero la multitud seguía gritando:

"¡Crucifícalo! ¡Crucifícalo!".

Por tercera vez insistió Pilato: "¿Por qué? ¿Qué crimen ha cometido? No encuentro ninguna razón para condenarlo a muerte. Lo haré azotar y luego lo soltaré".

Pero la turba gritó cada vez más fuerte, exigiendo que Jesús fuera crucificado, y sus voces prevalecieron (Lucas 23:21-23 NTV).

Pilato sabía que Jesús era inocente, pero por temor a los líderes religiosos y su multitud, condenó a muerte a Jesús.

ESCENA 60
EL REY ES CORONADO

Pilato sentenció a Jesús al castigo extremo de la ley romana: un azotamiento brutal seguido por la crucifixión. Los reos eran azotados con látigos que tenían incrustadas piezas afiladas de metal.

Setecientos años antes, el Señor había dicho al profeta Isaías que escribiera:

> Ofrecí mi espalda a los que me golpeaban, mis mejillas
> a los que me arrancaban la barba; ante las burlas y
> los escupitajos no escondí mi rostro (Isaías 50:6).

El evangelio nos dice qué sucedió después de que azotaron al Señor.

> Algunos de los soldados del gobernador llevaron a
> Jesús al cuartel y llamaron a todo el regimiento.

> Le quitaron la ropa y le pusieron un manto escarlata.

> Armaron una corona con ramas de espinos y se la pusieron en la cabeza
> y le colocaron una caña de junco en la mano derecha como si fuera
> un cetro. Luego se arrodillaron burlonamente delante de él mientras
> se mofaban: "¡Viva el rey de los judíos!". Lo escupieron, le quitaron la
> caña de junco y lo golpearon en la cabeza con ella (Mateo 27:27-30 NTV).

Los soldados ignoraban el significado de la corona de espinas que habían puesto con fuerza en la cabeza de Jesús. Las espinas eran parte de la maldición que había caído sobre la tierra a causa del pecado de Adán. El santo Rey de gloria había venido para cargar con la maldición del pecado por nosotros.

> Después de burlarse de él, le quitaron el manto, le pusieron su
> propia ropa y se lo llevaron para crucificarlo (Mateo 27:31).

Dos criminales condenados fueron llevados también con Jesús. Cada uno fue obligado a cargar con su propia cruz hasta el lugar de la ejecución.

A mitad de camino del macabro desfile, los soldados romanos obligaron a un hombre del norte de África a llevar la cruz de Jesús. Después, reemprendieron la marcha a través de las calles atiborradas de Jerusalén, salieron fuera de sus murallas, y subieron la cuesta de un monte llamado Gólgota, en la zona norteña del monte Moriah, donde unos 1900 años antes, el profeta Abraham había dicho:

> "El cordero, hijo mío, lo proveerá Dios" (Génesis 22:8).

Había llegado el momento de morir a ese Cordero.

ESCENA 61

EL REY ES CRUCIFICADO

La crucifixión es el método más horrendo de ejecución, auspiciado por el estado, que jamás se ha concebido. Para añadir humillación pública al dolor atroz, los soldados romanos desnudaban a las víctimas antes de clavarles las manos y los pies a una cruz o a un árbol.

> Cuando llegaron al lugar llamado la Calavera, lo crucificaron allí, junto con los criminales, uno a su derecha y otro a su izquierda. "Padre —dijo Jesús—, perdónalos, porque no saben lo que hacen".

> Mientras tanto, echaban suertes para repartirse entre sí la ropa de Jesús. La gente, por su parte, se quedó allí observando, y aun los gobernantes estaban burlándose de él. "Salvó a otros —decían—, que se salve a sí mismo, si es el Cristo de Dios, el Escogido" (Lucas 23:33-35).

Si Jesús se hubiera salvado a sí mismo, no podría habernos salvado a nosotros. La multitud no tenía ni idea de que estaba cumpliendo lo que el SEÑOR le había dicho al profeta David:

> Me han traspasado las manos y los pies… con satisfacción perversa la gente se detiene a mirarme. Se reparten entre ellos mis vestidos y sobre mi ropa echan suertes…

> Cuantos me ven, se ríen de mí; lanzan insultos, meneando la cabeza: "¡…que el SEÑOR lo ponga a salvo! Ya que en él se deleita, ¡que sea él quien lo libre!" (Salmo 22:16-18, 7-8).

El plan de rescate de Dios se estaba cumpliendo al detalle.

Sobre el mismo monte[11] donde el profeta Abraham había dicho: "El cordero lo proveerá Dios" y "El SEÑOR proveerá" (Génesis 22:8, 14). Dios había provisto su propio Cordero: Jesús.

¿Recuerdas cómo el carnero inocente fue sacrificado sobre la leña de un altar para redimir al hijo condenado de Abraham? Ahora el Hijo de Dios sin pecado era sacrificado sobre una cruz de madera para redimir a los descendientes condenados de Adán. Dios perdonó al hijo de Abraham, pero "no se guardó ni a su propio Hijo, sino que lo entregó por todos nosotros" (Romanos 8:32 NTV).

> Porque tanto amó Dios al mundo, que dio a su Hijo unigénito, para que todo el que cree en él no se pierda, sino que tenga vida eterna (Juan 3:16).

> Dios pagó un rescate para salvarlos de la vida vacía que heredaron de sus antepasados. Y el rescate que él pagó no consistió simplemente en oro o plata sino que fue la preciosa sangre de Cristo, el Cordero de Dios, que no tiene pecado ni mancha (1 Pedro 1:18-19 NTV).

Esto muestra cuánto vales para Dios.

ESCENA 62
EL REY SALVADOR

Para cumplir el plan de rescate de Dios, el Señor Jesús sintió la humillación que trae el pecado. Fue maldito en nuestro lugar. Recibió el castigo que merecemos nosotros.

El día que Adán quebrantó la ley de Dios, Dios anunció que un día el Mesías aplastaría a la serpiente. Le había dicho a Satanás:

"Te aplastará la cabeza, pero tú le morderás el talón" (Génesis 3:15).

Esta antigua y misteriosa profecía sobre cómo Satanás mordería el talón del Salvador predecía la humillación y el dolor que el Cordero de Dios sufriría en la cruz al ser "traspasado por nuestras rebeliones" (Isaías 53:5).

Los que crucificaron a Jesús ignoraban el plan secreto de Dios.

Ninguno de los gobernantes de este mundo la entendió, porque de haber… entendido no habrían crucificado al Señor de la gloria.

El mensaje de la cruz es una locura para los que se pierden; en cambio, para los que se salvan… este mensaje es el poder de Dios (1 Corintios 2:8; 1:18).

La cruz de Jesús fue colocada entre los dos criminales.

Uno de los criminales allí colgados empezó a insultarlo: "¿No eres tú el Cristo? ¡Sálvate a ti mismo y a nosotros!".

Pero el otro criminal lo reprendió: "¿Ni siquiera temor de Dios tienes, aunque sufres la misma condena? En nuestro caso, el castigo es justo, pues sufrimos lo que merecen nuestros delitos; éste, en cambio, no ha hecho nada malo". Luego dijo: "Jesús, acuérdate de mí cuando vengas en tu reino".

"Te aseguro que hoy estarás conmigo en el paraíso —le contestó Jesús (Lucas 23:39-43).

El primer criminal solo quería salvarse de sus sufrimientos físicos. No creía necesitar un Salvador que muriera en su lugar.

El segundo criminal también había insultado a Jesús. Pero al enfrentarse a la muerte, hubo un cambio en su corazón. Quería que el Señor le rescatara del reino de Satanás. Quería convertirse en un ciudadano del reino de Dios, si el Rey se dignara recibirle. La respuesta de Jesús no dejó lugar a duda:

"Te aseguro que hoy estarás conmigo en el paraíso" (Lucas 23:43).

Después de unas horas, ambos criminales murieron. Uno fue al infierno. El otro fue al paraíso. ¿Qué marcó la diferencia?

Uno no puso su confianza en el Salvador Rey. El otro sí.

Escena 63
El sacrificio final

Es mediodía. Jesús lleva tres horas en la cruz. Llegan nubes oscuras, y el día se vuelve como la noche. Los espectadores aterrados se dispersan. Un silencio inquietante cubre el monte. Tres horas después, Jesús grita:

"Dios mío, Dios mío, ¿por qué me has desamparado?" (Mateo 27:46).

Sobre el altar de la cruz, el eterno Hijo de Dios sintió el horror de ser separado del Dios del cielo. Durante esas horas de oscuridad, escondido de los ojos de los hombres, Dios tomó todos nuestros pecados y los cargó sobre su Hijo santo. Jesús se convirtió en el sacrificio final por el pecado.

Ya que los pecados pasados, presentes y futuros del mundo se cargaron sobre Jesús, Dios en el cielo tuvo que apartar la mirada porque sus ojos "son tan puros… que no puede… ver el mal" (Habacuc 1:13). Durante tres largas horas, la ira de Dios contra el pecado ardió sobre su propio holocausto. Como un cordero sacrificado sobre un altar, el Cordero de Dios quedó colgado en la cruz entre el cielo y la tierra, entre Dios y el hombre. Aquel que es infinito soportó nuestro infierno en el tiempo para que no tuviéramos que soportarlo en la eternidad.

Y entonces terminó.

Sabiendo que había llevado el castigo que merecían los pecadores y que había cumplido las profecías del Antiguo Testamento, Jesús dijo:

"Todo se ha cumplido".

Luego inclinó la cabeza y entregó el espíritu (Juan 19:30).

En ese momento, la cortina del santuario del templo se rasgó en dos, de arriba abajo. La tierra tembló y se partieron las rocas (Mateo 27:51).

Durante siglos, se habían sacrificado y quemado corderos sobre el altar del templo. Cuando murió Jesús, Dios abrió de par en par la cortina que escondía la habitación especial donde se rociaba la sangre cada año para cubrir el pecado. Al romper la cortina, Dios estaba anunciando: *¡Todo se ha cumplido! ¡La deuda de pecado se ha pagado completamente! Mi Cordero ha derramado su sangre santa por el pecado del mundo. Ya no aceptaré más sangre animal por los pecados. Mi Hijo amado es el sacrificio final. Para todos los que creen en Él, ¡la puerta del cielo está abierta de par en par!* (ver el libro de Hebreos en el Nuevo Testamento).

Setecientos años antes, el profeta Isaías escribió:

Pero él fue traspasado por nuestras rebeliones y aplastado por nuestros pecados. Fue golpeado para que nosotros estuviéramos en paz, fue azotado para que pudiéramos ser sanados. Todos nosotros nos hemos extraviado como ovejas; hemos dejado los caminos de Dios para seguir los nuestros. Sin embargo, el Señor puso sobre él los pecados de todos nosotros (Isaías 53:5-6 NTV).

Todo se ha cumplido.

Escena 64
El rey es sepultado

Jesús de Nazaret estaba muerto. Para asegurarse, un soldado clavó su lanza en el costado de Jesús. Al instante le brotó sangre y agua.

Las esperanzas de los discípulos también estaban muertas. Al pensar que Jesús tenía que haber aplastado a los romanos y establecido su reino en la tierra, no habían entendido todavía su promesa de resucitar al tercer día.

Normalmente, se lanzaban los cadáveres de los crucificados a un vertedero de basura fuera de la ciudad o en una fosa común. Sin embargo, no fue así con el cuerpo de Jesús. Setecientos años antes, el profeta Isaías había escrito:

> Fue enterrado como un criminal; fue puesto en la tumba de un hombre rico (Isaías 53:9 NTV).

Dios planeó que su Hijo fuese sepultado en una tumba de honor.

> Al atardecer, llegó un hombre rico de Arimatea, llamado José, que también se había convertido en discípulo de Jesús. Se presentó ante Pilato para pedirle el cuerpo de Jesús, y Pilato ordenó que se lo dieran (Mateo 27:57-58).

Antes de la muerte de Jesús, José de Arimatea y su amigo Nicodemo habían sido seguidores secretos de Jesús el Mesías. Temían a los líderes religiosos. Pero después de ver a Jesús sufrir en la cruz, ya no tuvieron miedo. Así que se llevaron el cuerpo de Jesús, lo lavaron y lo envolvieron en tiras de lino limpio junto con unos 35 kilos de mirra, la misma clase de especia costosa para embalsamar que los magos habían regalado al niño Jesús. Luego, pusieron el cuerpo en la tumba nueva del propio José. Después de hacer rodar una piedra enorme ante la puerta, se fueron a casa.

Fue una sepultura real, digna de un rey.

A la mañana siguiente, los líderes religiosos fueron a ver a Pilato.

> "Señor —le dijeron—, nosotros recordamos que mientras ese engañador aún vivía, dijo: 'A los tres días resucitaré'. Por eso, ordene usted que se selle el sepulcro hasta el tercer día, no sea que vengan sus discípulos, se roben el cuerpo y le digan al pueblo que ha resucitado. Ese último engaño sería peor que el primero".

> "Llévense una guardia de soldados —les ordenó Pilato—, y vayan a asegurar el sepulcro lo mejor que puedan". Así que ellos fueron, cerraron el sepulcro con una piedra, y lo sellaron; y dejaron puesta la guardia (Mateo 27:63-66).

Mientras tanto, ¿qué pasaba con el cuerpo de Jesús dentro del sepulcro?

Nada.

Escena 65
La tumba vacía

Desde el día que Adán pecó, había reinado la muerte como cruel soberano sobre la familia humana. Si Jesús hubiera pecado alguna vez, la muerte también habría hecho que su cuerpo empezara a descomponerse, heder y convertirse lentamente en polvo. Pero mil años antes, el profeta David había escrito:

> No permitirás que tu santo se pudra en la tumba (Salmo 16:9-10 NTV).

La muerte y la tumba no tenían poder sobre Aquel que nunca pecó.

El tercer día después de la muerte y sepultura de Jesús, muy temprano, varias mujeres fueron a la tumba a presentar sus respetos. De repente, con un gran terremoto, apareció un ángel del cielo, quitó la piedra y se sentó sobre ella. Los soldados se desmayaron, pero el ángel les dijo a las mujeres:

> "¡No teman! —dijo—. Sé que buscan a Jesús el que fue crucificado. ¡No está aquí! Ha resucitado tal como dijo que sucedería. Vengan, vean el lugar donde estaba su cuerpo. Y ahora, vayan rápidamente y cuéntenles a sus discípulos que ha resucitado...".

> Las mujeres se fueron a toda prisa. Estaban asustadas pero a la vez llenas de gran alegría, y se apresuraron para dar el mensaje del ángel a los discípulos.

> Mientras iban, Jesús les salió al encuentro y las saludó. Ellas corrieron hasta él, abrazaron sus pies y lo adoraron (Mateo 28:5-9 NTV).

Mientras tanto, los soldados fueron a la ciudad y les dijeron a los líderes religiosos lo que había sucedido. Así que los líderes les sobornaron con una enorme suma de dinero y les dijeron:

> "Digan que los discípulos de Jesús vinieron por la noche y que, mientras ustedes dormían, se robaron el cuerpo" (Mateo 28:13).

Pero sus mentiras no podían ocultar la verdad. *¡La tumba estaba vacía!*

Con su muerte, Jesús pagó nuestra deuda de pecado.
Con su sepultura, bajó al abismo de la muerte y de la descomposición.
Con su resurrección, venció a la muerte y ahora dice:

> "No tengas miedo. Yo soy el Primero y el Último, y el que vive. Estuve muerto, pero ahora vivo por los siglos de los siglos, y tengo las llaves de la muerte y del infierno" (Apocalipsis 1:17-18).

Para todos los que creen estas buenas noticias, la muerte solo es la puerta que se abre a la presencia del Rey que anuncia:

> "Porque yo vivo, también ustedes vivirán" (Juan 14:19).

Escena 66
El mensaje de los profetas

El día de su resurrección, Jesús se apareció a muchos de sus discípulos: primero a las mujeres, luego a Pedro, y después a dos viajeros…

Ese mismo día, dos de los seguidores de Jesús iban camino al pueblo de Emaús, a unos once kilómetros de Jerusalén…

Mientras conversaban y hablaban, de pronto Jesús mismo se apareció y comenzó a caminar con ellos; pero Dios impidió que lo reconocieran.

Él les preguntó: "¿De qué vienen discutiendo tan profundamente por el camino?".

Se detuvieron de golpe, con sus rostros cargados de tristeza. Entonces uno de ellos, llamado Cleofas, contestó: "Tú debes de ser la única persona en Jerusalén que no oyó acerca de las cosas que han sucedido allí en los últimos días".

"¿Qué cosas?" —preguntó Jesús (Lucas 24:13, 15-19 NTV).

Los viajeros le contaron cómo habían esperado que Jesús de Nazaret fuese el Mesías que conquistara a sus enemigos. Sin embargo, ¡fue crucificado! Y ahora la tumba estaba vacía. ¡No tenía sentido!

Entonces Jesús les dijo: "¡Qué necios son! Les cuesta tanto creer todo lo que los profetas escribieron en las Escrituras. ¿Acaso no profetizaron claramente que el Mesías tendría que sufrir todas esas cosas antes de entrar en su gloria?".

Entonces Jesús los guió por los escritos de Moisés y de todos los profetas, explicándoles lo que las Escrituras decían acerca de él mismo.

Para entonces ya estaban cerca de Emaús y del final del viaje. Jesús hizo como que iba a seguir adelante, pero ellos le suplicaron: "Quédate con nosotros esta noche, ya que se está haciendo tarde". Entonces los acompañó a la casa.

Al sentarse a comer, tomó el pan y lo bendijo. Luego lo partió y se lo dio a ellos. De pronto, se les abrieron los ojos y lo reconocieron. Y, en ese instante, Jesús desapareció.

Entonces se dijeron el uno al otro: "¿No ardía nuestro corazón cuando nos hablaba en el camino y nos explicaba las Escrituras?" (Lucas 24:25-32 NTV).

Se levantaron de un salto y volvieron corriendo a Jerusalén para decirles a los discípulos: *¡El Señor está vivo! ¡Es el Salvador prometido en las Escrituras! ¡Es el Cordero representado en los sacrificios! ¡Es el SEÑOR!*

Por fin, el mensaje de los profetas tenía sentido.

Perfecto sentido.

Un cuerpo transformado

E ra domingo en la noche. Los discípulos reunidos con las puertas cerradas. De repente, Jesús apareció en la habitación y les dijo:

"¡La paz sea con ustedes!". Dicho esto, les mostró las manos y el costado. Al ver al Señor, los discípulos se alegraron (Juan 20:19-20).

Tomás, uno de los doce discípulos de Jesús no estaba con los demás aquella noche. Más tarde, los discípulos le dijeron: "¡Hemos visto al Señor!".

Pero él respondió: "No lo creeré a menos que vea las heridas de los clavos en sus manos, meta mis dedos en ellas y ponga mi mano dentro de la herida de su costado".

Ocho días después, los discípulos estaban juntos de nuevo, y esa vez Tomás se encontraba con ellos. Las puertas estaban bien cerradas; pero de pronto, igual que antes, Jesús estaba de pie en medio de ellos y dijo: "La paz sea con ustedes".

Entonces le dijo a Tomás: "Pon tu dedo aquí y mira mis manos; mete tu mano en la herida de mi costado. Ya no seas incrédulo. ¡Cree!".

"¡Mi Señor y mi Dios!" —exclamó Tomás.

Entonces Jesús le dijo: "Tú crees porque me has visto, benditos los que creen sin verme" (Juan 20:24-29 NTV).

Durante los cuarenta días siguientes, el Señor aparecía súbitamente entre sus seguidores, hablaba con ellos y luego desaparecía. El cuerpo resucitado de Jesús podía atravesar paredes y viajar a la velocidad del pensamiento. Él es el primero en tener un cuerpo así, pero no será el último.

Así como hemos llevado la imagen de aquel hombre terrenal, llevaremos también la imagen del celestial.

Ya que la muerte vino por medio de un hombre, también por medio de un hombre viene la resurrección de los muertos. Pues así como en Adán todos mueren, también en Cristo todos volverán a vivir (1 Corintios 15:49, 21-22).

¿Entiendes que eres un pecador necesitado, que no tiene forma de ganarse el derecho a vivir en el reino de Dios? ¿Crees que el Señor Jesucristo murió en *tu* lugar, por *tus* pecados y volvió a la vida, venciendo a la muerte por *ti*? Si es así, Dios dice que ya no estás *en Adán;* te ve como justo *en Cristo.* Un día tú también recibirás un cuerpo transformado, igual que el suyo.

Pero sin las cicatrices de los clavos.

ESCENA 68
LA DESPEDIDA

El dominio que Adán perdió ante Satanás había sido recuperado por Jesús. Por su autoridad completa sobre el diablo y los demonios, el viento y las olas, la enfermedad y el hambre, el pecado y la muerte, Jesús demostró que Él estaba perfectamente al control. Incluso cuando los líderes religiosos y los soldados le arrestaron, torturaron y crucificaron, era Él quien permitió que lo hicieran.

Por eso, antes de volver al hogar de su Padre, el Señor Jesús dijo a sus discípulos:

"Se me ha dado toda autoridad en el cielo y en la tierra. Por tanto, vayan y hagan discípulos de todas las naciones, bautizándolos[21] en el nombre del Padre y del Hijo y del Espíritu Santo, enseñándoles a obedecer todo lo que les he mandado a ustedes. Y les aseguro que estaré con ustedes siempre, hasta el fin del mundo" (Mateo 28:18-20).

Jesús también les dijo a sus seguidores:

"Este mandamiento nuevo les doy: que se amen los unos a los otros. Así como yo los he amado, también ustedes deben amarse los unos a los otros. De este modo todos sabrán que son mis discípulos, si se aman los unos a los otros" (Juan 13:34-35).

Cuarenta días después de su resurrección, Jesús reunió a sus discípulos en el monte de los Olivos, a las afueras de Jerusalén. Los discípulos querían saber cuándo regresaría.

"No les toca a ustedes conocer la hora ni el momento determinados por la autoridad misma del Padre —les contestó Jesús—. Pero cuando venga el Espíritu Santo[22] sobre ustedes, recibirán poder y serán mis testigos tanto en Jerusalén como en toda Judea y Samaria, y hasta los confines de la tierra".

Habiendo dicho esto, mientras ellos lo miraban, fue llevado a las alturas hasta que una nube lo ocultó de su vista. Ellos se quedaron mirando fijamente al cielo mientras él se alejaba.

De repente, se les acercaron dos hombres vestidos de blanco, que les dijeron: "Galileos, ¿qué hacen aquí mirando al cielo? Este mismo Jesús, que ha sido llevado de entre ustedes al cielo, vendrá otra vez de la misma manera que lo han visto irse".

Entonces regresaron a Jerusalén… (Hechos 1:7-12).

Mientras tanto, en el cielo, había llegado el momento de coronar al Rey "de gloria y honra" (Salmo 8:5; Hebreos 2:9).

Escena 69
La celebración de victoria

Imagina el esplendor, los colores, la música, la emoción. Cien millones de ángeles hablan entre ellos: *¡El Rey vuelve a casa! Pero tendrá otro aspecto. ¡El que creó al hombre a imagen de Dios llevará la imagen del hombre para siempre!*

Un silencio desciende sobre la ciudad celestial.

De repente, se rompe el silencio con un coro majestuoso de trompetas, seguido de una proclamación atronadora:

> ¡Ábranse, portones antiguos! Ábranse, puertas
> antiguas, y dejen que entre el Rey de gloria.
>
> ¿Quién es el Rey de gloria?
> El Señor, fuerte y poderoso; el Señor, invencible en batalla…
>
> ¿Quién es el Rey de gloria?
> El Señor de los Ejércitos Celestiales, él es el
> Rey de gloria (Salmo 24:7-8, 10 ntv).

Las puertas se abren de par en par y, entre los aplausos estruendosos del cielo, entra el Campeón, el Cordero, el Hijo del Hombre con cicatrices de guerra: *¡Jesús!* Pasa a través de la multitud que le adora hasta el trono de su Padre. Se gira, contempla la raza redimida de Adán y se sienta.

Misión cumplida.

Más tarde, los ciudadanos del cielo cantan este nuevo cántico a su amado Rey:

> "Digno eres de recibir el rollo escrito y de romper sus sellos,
> porque fuiste sacrificado, y con tu sangre compraste para Dios
> gente de toda raza, lengua, pueblo y nación" (Apocalipsis 5:9).

Luego, los ángeles rodean el trono, alabando a Dios y diciendo:

> "¡Digno es el Cordero, que ha sido sacrificado, de recibir…
> la honra, la gloria y la alabanza!" (Apocalipsis 5:12).

En el mundo hoy, la mayoría de los descendientes de Adán siguen cautivos del reino condenado de Satanás de pecado y muerte. Pero hay libertad al alcance. Por su muerte, sepultura y resurrección, el Señor Jesús ganó la batalla definitiva. Dice a todos los que confían en Él:

> "No dejen que el corazón se les llene de angustia; confíen en
> Dios y confíen también en mí. En el hogar de mi Padre, hay
> lugar más que suficiente… Cuando todo esté listo, volveré para
> llevarlos, para que siempre estén conmigo donde yo estoy…"
>
> "Yo soy el camino, la verdad y la vida; nadie puede ir al
> Padre si no es por medio de mí" (Juan 14:1-3, 6 ntv).

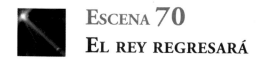

Escena 70
El rey regresará

Un día de estos, cuando el mundo esté ocupado con sus pasatiempos banales y sus falsas religiones, el Rey de gloria volverá a la Tierra, pero no montado sobre un humilde burro, ni para que se burlen de Él y le coronen con espinas.

El Rey resucitado le dio un avance de ese día futuro a Juan:

> Vi el cielo abierto, y apareció un caballo blanco. Su jinete se llama Fiel y Verdadero. Con justicia dicta sentencia y hace la guerra. Sus ojos resplandecen como llamas de fuego, y muchas diademas ciñen su cabeza… Su nombre es "el Verbo de Dios". Lo siguen los ejércitos del cielo, montados en caballos blancos y vestidos de lino fino, blanco y limpio… En su manto y sobre el muslo lleva escrito este nombre: REY DE REYES Y SEÑOR DE SEÑORES (Apocalipsis 19:11-14, 16).

Cuando regrese el Rey, una voz tronará desde el cielo:

> "El reino del mundo ha pasado a ser de nuestro Señor y de su Cristo, y él reinará por los siglos de los siglos" (Apocalipsis 11:15).

Los enemigos del Rey se derretirán ante Él. Y entonces, Él atará a Satanás y demostrará a un mundo cansado lo que es un gobierno justo. Será la mejor hora de la Tierra.

> El Señor reinará sobre toda la tierra. En aquel día el Señor será el único Dios, y su nombre será el único nombre (El profeta Zacarías 14:9).

En el Día del Juicio, el Señor Jesús será el Juez.

> Se sentó sobre un trono ardiente con ruedas en llamas; y un río de fuego brotaba de su presencia. Millones de ángeles le atendían; muchos millones se pusieron de pie para servirle. Entonces comenzó la sesión del tribunal y se abrieron los libros (El profeta Daniel 7:9-10 NTV).

Satanás y su reino de oscuridad serán arrojados "al lago de fuego y azufre" (Apocalipsis 20:10). Por fin, la cabeza de la serpiente será aplastada para siempre.

En cuanto a los ciudadanos del reino de la luz, Dios hará para ellos "un cielo nuevo y una tierra nueva… ellos serán su pueblo; Dios mismo estará con ellos y será su Dios. Él les enjugará toda lágrima de los ojos. Ya no habrá muerte, ni llanto, ni lamento" (Apocalipsis 21:1, 3-4).

Por fin, la oración de todos los que aman a su Rey se cumplirá para siempre:

> "Venga tu reino, hágase tu voluntad en la tierra como en el cielo" (Mateo 6:10).

¿Es esta tu oración? ¿Te has arrodillado ante el Rey de gloria?

¿Es Él *tu* rey?

Desenlace

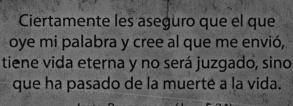

Ciertamente les aseguro que el que
oye mi palabra y cree al que me envió,
tiene vida eterna y no será juzgado, sino
que ha pasado de la muerte a la vida.

—Jesús, Rey de gloria (Juan 5:24)

Estaba en el mundo, y el mundo fue
creado por medio de él, pero el mundo
no lo reconoció… Mas a cuantos lo
recibieron, a los que creen en su nombre,
les dio el derecho de ser hijos de Dios.

—El Evangelio (Juan 1:10, 12)

¿FELICES POR SIEMPRE JAMÁS?

A las personas de todas las edades les encantan las historias imaginarias de romance y rescate, historias con finales felices. Contamos esa clase de historia porque el único Dios verdadero ha puesto en el corazón humano un anhelo de ser liberado del mal y vivir feliz por siempre jamás. Pero la historia del Rey no es una historia imaginaria.

Una historia imaginaria no la escriben cuarenta profetas a lo largo de quince siglos, pero el libro de Dios sí. La ficción no se confirma con cientos de profecías y descubrimientos arqueológicos, pero el libro de Dios sí.

Un superhéroe de una historia fantástica no es el punto divisorio de la historia, pero Jesús sí. La fantasía no puede quitar nuestro pecado y vergüenza, llevarnos a Dios, y darnos un corazón nuevo lleno de su amor, gozo y paz. Pero Jesús sí puede hacerlo.

Al cumplir las Escrituras de los profetas, Jesús el Mesías hizo posible que los descendientes de Adán vivieran para siempre con su Creador-Rey. Sin embargo, no todos vivirán en su reino.

Así como Dios le dejó clara a Adán su única norma para vivir en el huerto terrenal, ha dejado clara a los descendientes del primer hombre su única norma para vivir en la ciudad celestial:

> Nunca entrará en ella nada impuro, ni los idólatras ni los farsantes, sino sólo aquellos que tienen su nombre escrito en el libro de la vida, el libro del Cordero (Apocalipsis 21:27).

El libro de la vida del Cordero es el registro celestial con el nombre de cada persona que, desde los tiempos de Adán, ha confiado en camino de Dios de salvación. El Rey de gloria no te obligará a ti ni a tu familia a creer en Él y en lo que hizo para rescatarte de Satanás, del pecado, de la muerte y del infierno.

No habrá súbditos renuentes en su reino. Sin embargo, como no quiere que nadie perezca, cierra su libro con una invitación, una advertencia y una promesa:

> El que tenga sed, venga; y el que quiera, tome gratuitamente del agua de la vida. A todo el que escuche las palabras del mensaje profético de este libro le advierto esto: Si alguno le añade algo, Dios le añadirá a él las plagas descritas en este libro… El que da testimonio de estas cosas, dice: "Sí, vengo pronto".
>
> Amén. ¡Ven, Señor Jesús! (Apocalipsis 22:17-20).

Después de haber pecado, ¿qué dijo Adán a Dios cuando llegó al huerto llamándole? Le contestó con vergüenza:

"Escuché que andabas por el jardín, y tuve miedo" (Génesis 3:10).

Pero ahora, ¿cómo reaccionan algunos de los descendientes de Adán ante la promesa del Señor de que volverá a la tierra por ellos? Contestan gozosamente:

"Amén. ¡Ven, Señor Jesús!" (Apocalipsis 22:20).

¿Por qué esta transformación? ¿Por qué hay personas que ya no tienen miedo de encontrarse ante el Juez de la tierra? ¿Por qué están tan emocionadas por ver al Rey cara a cara?

Porque creen su historia y su mensaje.

El profeta Isaías escribió:

¿Quién ha creído nuestro mensaje?… Todos nosotros nos hemos extraviado como ovejas; hemos dejado los caminos de Dios para seguir los nuestros. Sin embargo, el SEÑOR puso sobre él los pecados de todos nosotros (Isaías 53:1, 6 NTV).

Isaías resumió la historia del Rey y su mensaje en tres declaraciones:

1. Tenemos un problema:

"Hemos dejado los caminos de Dios para seguir los nuestros".

2. Dios tiene la solución:

"El SEÑOR puso sobre [su Hijo] los pecados de todos nosotros".

3. Tenemos una elección:

"¿Quién ha creído nuestro mensaje?".

¿Crees al rey?

Aceptamos el testimonio del hombre, pero el de Dios es mayor porque es su testimonio, el cual dio sobre su Hijo…

El que no cree a Dios lo hace pasar por mentiroso, por no haber creído el testimonio que Dios ha dado acerca de su Hijo. Y el testimonio es éste: que Dios nos ha dado vida eterna, y esa vida está en su Hijo. El que tiene al Hijo, tiene la vida; el que no tiene al Hijo de Dios, no tiene la vida (1 Juan 5:9-12).

Les escribo estas cosas a ustedes que creen en el nombre del Hijo de Dios, para que sepan que tienen vida eterna (1 Juan 5:13).

Sí, puedes *saber*. El Rey no te mantendrá a la expectativa.

¿Has dado la espalda a la religión del hombre para creer en el testimonio de Dios? Si es así, pasarás la eternidad con el Rey…

…feliz por siempre jamás.

La mala noticia

Como leímos al principio de su libro, el Rey del universo creó al hombre a su propia imagen y semejanza. Hizo a los seres humanos para su gloria. Las personas serían su tesoro especial, sus amigos íntimos y ciudadanos santos de su reino de luz. Pero primero debía haber un periodo de prueba.

El Señor le dio a Adán una pequeña prueba con grandes consecuencias. Le dijo que tenía libertad para comer de todos los árboles del huerto, excepto uno. ¿Qué dijo Dios que le pasaría a Adán si quebrantaba esta norma?

¿Le dijo que debía empezar a recitar oraciones, ayunar y hacer las suficientes buenas obras para compensar las malas? ¡No! Le dijo: "El día que de él comas, *ciertamente morirás*" (Génesis 2:17).

Sabemos lo que pasó a continuación. El hombre escogió desobedecer a su Creador-Rey. Adán y Eva pecaron. ¿Cayeron muertos en ese mismo instante? No. ¿Qué quiso decir Dios cuando dijo: "El día que de él comas, ciertamente morirás"?

¿Cuál es la definición de muerte, según las Escrituras?

Mira la ilustración. ¿Qué le está pasando a la rama? ¿Qué le pasará después de que la arranquen del árbol? ¿Estará viva o muerta?

Podría parecer viva, pero estará muerta porque se ha separado de su fuente de vida.

La muerte significa *separación*. Esa es una mala noticia.

Cuando Adán y Eva escogieron tomar su propio camino en vez del camino de Dios, perdieron su conexión con Dios, igual que una rama cortada de un árbol. Su relación con Dios había muerto. Ya no querían estar con Él. Intentaron esconderse. Adán y Eva estaban espiritualmente muertos.

Son las iniquidades de ustedes las que los separan de su Dios. Son estos pecados los que lo llevan a ocultar su rostro para no escuchar (Isaías 59:2).

Adán y Eva también comenzaron a morir físicamente. Así como las hojas de una rama rota no se secan de forma instantánea, sus cuerpos no regresaron al polvo el mismo día que pecaron. Pero el proceso de envejecimiento había empezado. La muerte era un enemigo del que no escaparían.

Pero la mala noticia empeora. A menos que Dios proveyera un rescate, Adán y Eva enfrentarían la separación eterna de Dios en el "fuego eterno preparado para el diablo y sus ángeles" (Mateo 25:41).

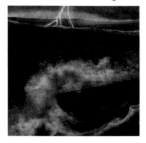

Algunos se burlan de la idea del infierno: un lago de fuego donde las almas contaminadas por el pecado estarán en cuarentena por toda la eternidad. Pero, ¿es sabio burlarnos de lo que no comprendemos? Como seres humanos, no podemos entender el concepto de la eternidad. Es otra dimensión.[8] Las personas también se burlaron del profeta Noé mientras construía el arca y les advertía sobre el diluvio venidero. Sin embargo, cuando se cerró la puerta del arca y llegó el diluvio, comprendieron la verdad de la que se habían burlado. De manera similar, cuando las personas lleguen al infierno, comprenderán su lógica solemne.

Sufrirán el castigo de la destrucción eterna, lejos de la presencia del Señor y de la majestad de su poder (2 Tesalonicenses 1:9).

El Rey no permitirá que el pecado contamine su universo para siempre.

El pecado es la fuerza más destructiva y el desastre de mayor alcance de nuestro planeta. El pecado es la causa de todo mal.

Como una enfermedad contagiosa, el pecado de Adán nos infectó a todos. Así como cada ramita y hoja de una rama rota está muerta, todos nos vemos afectados por el pecado de Adán. Todos formamos parte de la rama de Adán.

Cuando Adán pecó, el pecado entró en el mundo. El pecado de Adán introdujo la muerte, de modo que la muerte se extendió a todos, porque todos pecaron (Romanos 5:12 NTV).

En los días de Moisés, las personas tenían la misma idea equivocada que hoy. Esperaban que si hacían más bien que mal, Dios les mostraría misericordia en el Día del Juicio. Para corregir su lógica equivocada, Dios descendió al monte Sinaí en fuego ardiente y les dio diez mandamientos para obedecer. Quien no cumpliera a la perfección cada una de las diez normas era declarado culpable y digno de muerte.

Los Diez Mandamientos son como un espejo. Si tu cara está sucia, te ayuda a ver la suciedad, pero no puede quitártela. De manera similar, los mandamientos no se nos dieron para justificarnos ante Dios. Lo que hacen es demostrarnos que somos pecadores culpables ante un Dios santo. Somos indignos de vivir en su reino justo. Somos pecadores incapaces que necesitan un Salvador perfecto.

Pues todos hemos pecado; nadie puede alcanzar la meta gloriosa establecida por Dios (Romanos 3:23 NTV).

La mala noticia es que no alcanzamos la meta perfecta de bondad establecida por Dios; la buena noticia es que hay alguien que sí lo hizo.

Se llama Jesús.

LA BUENA NOTICIA

El SEÑOR es perfecto en justicia y en misericordia. Justicia significa que el castigo completo de la ley se cumplió contra mi pecado; misericordia significa que el castigo de la ley no se cumplió contra mí.

¿Cómo podía Dios castigar nuestro pecado sin castigarnos a nosotros?

La respuesta se encuentra en el Señor Jesucristo, que vino a rescatarnos.

En los días del Antiguo Testamento, antes de la llegada de Jesús, Dios estableció la *ley de la ofrenda por el pecado* para rescatar a los pecadores de la *ley del pecado y de la muerte*. Dios aceptaba la sangre de animales inocentes como una paga por el pecado. De esa manera, castigaba el pecado sin castigar al pecador.

Pero, ¿un cordero es un sustituto justo por un hombre? No. La sangre de un animal solo podía ilustrar lo que la justicia realmente exigía.

¿Qué clase de sangre podía cancelar la deuda de pecado del mundo? Solo la de un Hombre perfecto e infinito. El Creador-Verbo mismo se convirtió en ese Hombre.

En el principio ya existía el Verbo… Y el Verbo se hizo hombre y habitó entre nosotros. Y hemos contemplado su gloria, la gloria que corresponde al Hijo unigénito del Padre, lleno de gracia y de verdad (Juan 1:1, 14).

La sangre de los corderos solo podía *cubrir* el pecado. Jesús es "el Cordero de Dios que *quita* el pecado del mundo" (Juan 1:29).

¿Recuerdas a Abel? Dios puso los pecados de Abel sobre el cordero. Así el cordero llevó temporalmente sus pecados. Jesús ha llevado nuestros pecados de forma permanente. Dios cargó todos nuestros pecados sobre Él.

El cordero sacrificado y reducido a cenizas por Abel era una ilustración de Jesús, quien sufrió el castigo completo por nuestros pecados. Por eso, justo antes de morir, Jesús gritó con triunfo: "Todo se ha cumplido" (Juan 19:30).

La justicia se ha cumplido. La misericordia se ofrece.

Esa es la Buena Noticia que los salva si ustedes siguen creyendo el mensaje que les prediqué… Cristo murió por nuestros pecados tal como dicen las Escrituras. Fue enterrado y al tercer día fue levantado de los muertos, tal como dicen las Escrituras (1 Corintios 15:2-4 NTV).

P iensa en Abraham y en su hijo. ¿Por qué les envió Dios a un monte lejano específico para hacer el sacrificio?

  Dios estaba señalando el lugar donde su propio Hijo iría a morir por los pecados del mundo.

 ¿Por qué llamó Abraham al monte "el SEÑOR proveerá"? Porque fue en ese monte que Dios proveyó el sacrificio completo y final.

   ¿Qué proveyó Dios para el hijo de Abraham? Un carnero. ¿Qué ha provisto Dios para salvarte a ti del juicio? A Jesús, el Cordero de Dios.

¿Tienes temor de la muerte y del juicio? Si pones tu confianza entera en Jesús como tu Salvador, no tienes por qué temer, porque Dios recibió la paga completa por tus pecados de Él, y le levantó de los muertos.

Ahora piensa en Adán y Eva. Su pecado y vergüenza les llevó a cubrirse con hojas de higuera y a querer esconderse de Dios. En su justicia y misericordia, Dios expuso el pecado de ellos, y les vistió con pieles de animales sacrificados. La sangre derramada de aquellos animales ilustraba lo que era necesario para cubrir el pecado, y sus pieles ilustraban lo que era necesario para cubrir su vergüenza.

Todos compartimos el pecado y la vergüenza de nuestros antepasados. No alcanzamos la meta de justicia de Dios. No somos dignos de vivir con Él. La buena noticia es que, en la cruz, Jesús llevó nuestro pecado y vergüenza. Durante esas horas de oscuridad, Él experimentó la separación de Dios que nosotros merecemos y después murió. Pero como no tenía pecado propio, la tumba no le pudo retener.

Gracias a la muerte y resurrección de Jesús, Dios ofrece limpiarte y vestirte: cambiar tus pecados por su justicia.

  Estamos todos infectados por el pecado y somos impuros. Cuando mostramos nuestros actos de justicia, no son más que trapos sucios (Isaías 64:6 NTV).

  ¡Me llené de alegría en el SEÑOR mi Dios! Pues él me vistió con ropas de salvación y me envolvió en un manto de justicia (Isaías 61:10 NTV).

Al que no cometió pecado alguno, por nosotros Dios lo trató como pecador, para que en él recibiéramos la justicia de Dios (2 Corintios 5:21).

En el Día del Juicio, ¿estarás ante Dios envuelto en los trapos de tus propios esfuerzos religiosos?

O, en cambio, ¿te presentarás vestido con la justicia pura de Cristo?

Tu respuesta al Rey

Imagina que vas andando a través de un bosque solitario. ¿Con qué preferirías encontrarte, con un cordero o con un león?

En su primera venida, el Rey de gloria fue llamado *El Cordero*. Vino en humildad para salvar a los pecadores. Cuando regrese el Rey, será llamado *El León*. Vendrá en majestad para juzgar a los pecadores que no se arrepintieron.

Cuando regrese Jesús, ¿te regocijarás en la presencia de tu Salvador-Rey o temblarás ante tu Juez-Rey? Todo depende de tu respuesta al mensaje de Dios.

Cuando Jesús empezó a viajar y enseñar, una de las primeras cosas que dijo fue:

"¡Arrepiéntanse y crean las buenas nuevas!" (Marcos 1:15).

"Arrepentirse" significa *cambiar de parecer* en cuanto a lo que crees que te da derecho de vivir en el reino de Dios. Significa dejar de confiar en tu propio camino para comenzar a seguir y confiar en el camino de Dios.

"Creer las buenas nuevas" significa *poner tu fe en el Salvador* que murió por tus pecados y resucitó para darte vida nueva. Pero, ¿qué significa poner tu fe en alguien?

Permíteme ilustrarlo con una historia de África occidental. Se trata de dos mujeres, Fatu y Bintu.

Ambas tenían una infección de ojos. Fatu fue al hospital. El médico le dio antibióticos oculares y sus ojos se curaron. Bintu fue al curandero. Éste le untó los ojos con su propia "cura". Los ojos de Bintu se volvieron blancos y quedó ciega.

Tanto Fatu como Bintu tenían fe. Ambas mujeres actuaron de acuerdo con su fe al acudir al sanador en quien confiaban. Sin embargo, qué diferentes fueron los resultados.

Cuando se trata de la eternidad, todos confiamos en algo o en alguien. Muchos ponen su esperanza en la religión de sus padres. Otros se ponen de parte de los que dicen que la vida termina en la tumba. Otros tienen sus propias ideas sobre la vida, la muerte y la eternidad. Al final, solo importará una pregunta: ¿escogiste la verdad?

En cuanto a mí, ya he tomado una decisión: confío en el Rey, quien dijo:

Todo el que está de parte de la verdad escucha mi voz (Juan 18:37).

Quiero vivir con Él para siempre. Él es quien "me amó y dio su vida por mí" (Gálatas 2:20).

Él no es cualquier rey. ¡Es *mi* Rey!

El primer hombre fue creado para reflejar la imagen de Dios. Esa imagen fue estropeada por el pecado. Jesucristo, "la imagen del Dios invisible" (Colosenses 1:15), vino a darte vida nueva y a restaurar la imagen de Dios en ti.

Si has puesto tu fe en Jesucristo, el Rey de gloria, entonces, ante los ojos de Dios, ya no estás *en Adán*, sino *en Cristo*. Eres un ciudadano favorecido del cielo y un amado hijo de Dios. Eres el tesoro de Dios, redimido por Él con la sangre de su propio Hijo.

Como miembro recién nacido de la familia de Dios, ahora puedes llamarle *Padre*. Pero un gran privilegio conlleva una gran responsabilidad.

> Como hijos obedientes, no se amolden a los malos deseos que tenían antes, cuando vivían en la ignorancia. Más bien, sean ustedes santos en todo lo que hagan, como también es santo quien los llamó (1 Pedro 1:14-15).

Como seguidor de Cristo, estás llamado a perdonar, amar y orar por todas las personas, incluso tus enemigos. Jesús dice:

> "De este modo todos sabrán que son mis discípulos, si se aman los unos a los otros" (Juan 13:35).

Al someterte a Él, el Espíritu del Señor Jesús, que entró a tu corazón cuando creíste el evangelio, te ayudará a vencer al pecado y reflejar su carácter santo.

> El fruto del Espíritu es amor, alegría, paz, paciencia, amabilidad, bondad, fidelidad, humildad y dominio propio (Gálatas 5:22-23).

Como hijo del Rey, tienes un nuevo propósito en la vida: honrarle. Eres su embajador en un mundo perdido. Represéntale bien. Un día, le verás cara a cara, y serás "semejante a él" (1 Juan 3:2). Hasta entonces, habla con Él en cualquier momento. Alábale en cada situación. Adórale y sírvele con otros que le aman a Él y a su Palabra. Estudia las Escrituras a diario (empieza con *Lucas, Juan, Hechos* y *Romanos*). El Espíritu Santo es tu maestro. La Biblia es tu alimento espiritual y tu arma contra Satanás, que no quiere que pienses, hables ni actúes como Jesús. Cuanto más medites en las Escrituras, más fuerte te harás espiritualmente.

 Me encanta esta imagen en palabras de los Salmos:

> Como el ciervo anhela las corrientes de las aguas, así te anhelo a ti, oh Dios (Salmo 42:1 NTV).

¿Puedes decir eso?

La decisión es tuya.

Paul D. Bramsen
resources@rockintl.org

Contenido extra

Dios los salvó por su gracia cuando creyeron.
Ustedes no tienen ningún mérito en eso;
es un regalo de Dios. La salvación no es un
premio por las cosas buenas que hayamos
hecho, así que ninguno de nosotros puede
jactarse de ser salvo. Pues somos la obra
maestra de Dios. Él nos creó de nuevo en Cristo
Jesús, a fin de que hagamos las cosas buenas
que preparó para nosotros tiempo atrás.

Por lo tanto, ya que fuimos declarados justos
a los ojos de Dios por medio de la fe, tenemos
paz con Dios gracias a lo que Jesucristo
nuestro Señor hizo por nosotros. Debido a
nuestra fe, Cristo nos hizo entrar en este lugar
de privilegio inmerecido en el cual ahora
permanecemos, y esperamos con confianza
y alegría participar de la gloria de Dios

—Del Nuevo Testamento (Efesios 2:8-10; Romanos 5:1-2 ntv)

Preguntas de repaso • Parte 1 • Antiguo Testamento

Esta lista ofrece una o dos preguntas para cada una de las setenta escenas. Las respuestas están en el texto de cada escena correspondiente. Tienes libertad para copiar estas páginas para estudios en grupo. Para más información, visita: **www.one-god-one-message.com** (recurso en inglés).

Número de escena • pregunta(s)

1 • El Rey de gloria tardaría miles de años en llevar a cabo sus planes. ¿Qué te dice esto acerca del Rey?

2 • Nombra las dos partes principales de la Biblia. ¿En qué se diferencian?

3 • ¿Crees las primeras palabras de las Escrituras (Génesis 1:1)? ¿Por qué?

4 • Incluso cuando existía solo Dios, nunca estuvo solo. ¿Qué entiendes de esta afirmación?

5 • ¿Qué podemos aprender de Dios a partir de las cosas que ha creado?

6 • Menciona algunas de las diferencias que Dios creó entre los humanos y los animales.

7 • ¿Por qué no le preguntó Dios a Adán si quería vivir en Edén?

8 • ¿Qué es el pecado? ¿Qué dijo Dios que le pasaría a Adán si desobedecía su mandamiento? ¿Cuál es otra palabra para muerte?

9 • Como Adán, Eva fue creada a imagen de Dios. ¿Qué significa eso?

10 • ¿Cuál es la atracción más grande del cielo?

11 • ¿Cómo entró el pecado en el universo?

12 • ¿Qué dijo el Señor que pasaría si el hombre comía el fruto del árbol del conocimiento del bien y del mal? ¿Qué dijo Satanás que pasaría?

13 • ¿Cómo entró el pecado a la familia humana?

14 • ¿Cuál fue el primer efecto del pecado? ¿De qué manera el pecado de Adán y Eva logró sustituir su honra por vergüenza?

15 • ¿En qué sentido murieron Adán y Eva el mismo día en que pecaron? ¿En qué sentido eran como una rama rota? (Ver también la página 160).

16 • Menciona algunas formas en las que la maldición del pecado arruinó la creación original.

17 • ¿Por qué crees que el plan secreto de Dios incluía un Salvador que sería la Simiente de una mujer (con una madre humana, pero sin padre humano)?

18 • ¿Qué hizo Dios para cubrir el pecado y la vergüenza de Adán y Eva?

¿Cómo les mostró que es un Dios de justicia, misericordia y gracia?

19 • ¿Por qué expulsó Dios a Adán y Eva del huerto de Edén?

20 • ¿Cómo afectó el pecado de Adán y Eva a sus hijos? ¿Cómo nos afecta a nosotros y a nuestras familias? (Ver también la página 161).

21 • ¿Qué clase de cordero aceptaría Dios para morir en lugar del pecador?

22 • ¿Qué significa propiciación (expiación)? ¿Por qué exigía Dios la paga de muerte?

23 • ¿Qué hizo Dios con el pecado de Abel? ¿Qué estuvo mal en la ofrenda de Caín?

24 • ¿Qué significa arrepentirse? ¿Qué deseaba Dios que hiciera Caín? ¿Qué hizo Caín?

25 • ¿Qué nos enseña el diluvio mundial de los tiempos de Noé sobre la paciencia y el juicio de Dios?

26 • ¿Qué fue lo primero que hicieron Noé y su familia al salir del arca?

27 • ¿En qué sentido ilustra la torre de Babel la falsa religión?

28 • ¿Cuáles fueron las dos grandes promesas que el SEÑOR hizo a Abraham, si confiaba en Él y le seguía?

29 • ¿Por qué perdonó Dios los pecados de Abraham y Sara, y los declaró justos?

30 • ¿Qué le preguntó Isaac a su padre mientras subían al monte del sacrificio?

31 • Dios había prometido hacer de Isaac el padre de una nueva nación. Como Abraham sabía que Dios no puede mentir, ¿qué pensó que haría Dios después de sacrificar a Isaac sobre el altar?

32 • ¿Por qué llamó Abraham al monte EL SEÑOR **Proveerá**? ¿Murió *el cordero* en lugar de Isaac ese día?

33 • ¿Cómo cumplió el SEÑOR las dos grandes promesas que le hizo a Abraham?

34 • Si nos esforzamos por obedecer los mandamientos de Dios, ¿podemos llegar a ser lo suficientemente buenos como para tener el derecho de vivir con Dios en el cielo? ¿En qué sentido son los Diez Mandamientos como un espejo? ¿De qué manera nos muestran los Diez Mandamientos que necesitamos un Salvador?

35 • ¿Por qué razón los sacrificios de animales no podían quitar la deuda de pecado del mundo?

36 • Escoge una profecía del pergamino y explica cómo señalaba al Salvador venidero.

PREGUNTAS DE REPASO • PARTE 2 • NUEVO TESTAMENTO

37 • ¿Por qué utilizó Dios a cuatro personas (en vez de una sola) para escribir la historia del evangelio sobre Jesús?

38 • ¿Por qué llamó el ángel Gabriel a Jesús *el Hijo de Dios*?

39 • ¿Qué significa el nombre *Jesús*?

40 • ¿Qué es lo que más te gusta de la historia del nacimiento de Jesús?

41 • El ángel les dijo a los pastores: "¡Hoy les ha nacido… un Salvador, que es Cristo el Señor!" ¿Por qué se emocionaron al escuchar esta noticia?

42 • ¿Estuvo bien que los magos adoraran al niño Jesús? ¿Por qué?

43 • ¿En qué sentido era Jesús diferente a los demás niños?

44 • ¿En qué manera era distinto el mensaje de Juan al de los profetas anteriores? ¿Por qué crees que Juan señaló a Jesús y dijo: "¡Aquí tienen al Cordero de Dios, que quita el pecado del mundo!"?

45 • Mira esta escena otra vez y di algo que sabes de las Escrituras acerca del Espíritu de Dios, el Hijo de Dios y el Padre celestial.

46 • ¿Por qué trató de lograr Satanás que Jesús pecara?

47 • Después de leer del libro del profeta Isaías, Jesús dijo: "Hoy se cumple esta Escritura en presencia de ustedes". ¿Por qué crees que se enojaron sus vecinos?

48 • ¿En qué sentido era Jesús el *Brazo de Dios* en la tierra? ¿Por qué le temían los demonios?

49 • Cuando Jesús ordenó a la tormenta: "¡Silencio! ¡Cálmate!", los discípulos dijeron: "¿Quién es éste, que hasta el viento y el mar le obedecen?" ¿Quién crees *tú* que es Jesús?

50 • ¿Por qué acusaron de blasfemia los líderes religiosos a Jesús?

51 • Jesús dijo: "Yo soy la resurrección y la vida. El que cree en mí vivirá, aunque muera". ¿Cómo sabemos que dijo la verdad?

52 • ¿Qué le dijo Jesús a la gente que regresó el día siguiente en busca de más comida?

53 • Repasa esta escena y menciona algo que Jesús dijo que te sorprendió.

54 • Los profetas dijeron que el Mesías era "el sol de justicia". Jesús dijo de sí mismo que era "la luz del mundo". ¿De qué forma es Jesús distinto a los profetas?

55 • ¿Qué creían los discípulos que debía hacer el Mesías? ¿Qué vino a hacer el Mesías?

56 • ¿Por qué entró el Señor Jesús a Jerusalén cabalgando sobre un humilde burro, en vez de un caballo de guerra poderoso?

57 • ¿Por qué no podían lograr los líderes religiosos que Jesús dijera algo equivocado?

58 • ¿Por qué dijeron el sumo sacerdote y los gobernantes judíos que Jesús debía ser ejecutado?

59 • ¿Por qué condenó a muerte Pilato a Jesús?

60 • Los soldados metieron una corona de espinas en la cabeza de Jesús. ¿A qué nos recuerdan los espinos?

61 • ¿Cómo se cumplieron en Jesús las profecías de Abraham? ¿Cuán valioso eres para Dios?

62 • Dos ladrones fueron crucificados junto a Jesús. Hoy, uno de ellos está en el infierno (separado del Señor para siempre) y el otro está en el cielo (con el Señor para siempre). ¿Qué fue lo que marcó la diferencia?

63 • Mientras el Señor Jesús colgaba en la cruz en la oscuridad, ¿qué cargó el Padre celestial sobre Él? ¿Por qué dijo Jesús: "Todo se ha cumplido"? ¿Por qué rasgó Dios la cortina del templo?

64 • ¿Recordaron los discípulos la promesa de Jesús sobre su resurrección? ¿La recordaron los malvados líderes religiosos?

65 • ¿Qué encontraron las mujeres cuando llegaron a la tumba el domingo por la mañana? ¿Qué hicieron los líderes religiosos respecto a la tumba vacía? Si confío completamente en Jesús, el Cordero de Dios que murió por mis pecados y resucitó, ¿por qué ya no necesito tener temor de la muerte?

66 • ¿Por qué les dijo el Señor Jesús a los dos viajeros del camino a Emaús que eran necios?

67 • Cuando el Salvador resucitado apareció en la habitación, Tomás le dijo: "¡Mi Señor y mi Dios!". ¿Tenía razón Tomás al llamarle su Señor y su Dios? ¿Por qué?

68 • ¿Qué les dijo Jesús a sus discípulos que hicieran después de que Él regresara al cielo?

69 • ¿Quién es el Rey de gloria? ¿Qué piensas de Él?

70 • Cuando regrese el Rey, ¿estarás feliz o asustado? ¿Por qué?

Detrás del escenario: [1]Mientras que *Alicia en el País de las Maravillas* se ha traducido a casi 200 idiomas, *la Santa Biblia* se ha traducido, de forma parcial o completa, a más de 2500 idiomas.

[2]La veracidad de la Biblia se confirma por la arqueología, la historia secular, la profecía cumplida y la coherencia perfecta de una compleja historia escrita a lo largo de casi dos milenios.

Escena 2: [3]El rey no solo es el Creador y Sustentador de su universo, sino también el Autor y Guardián de su libro. Los rollos del Mar Muerto confirman que las Escrituras del Antiguo Testamento de hoy son las mismas Escrituras que existían antes del tiempo de Cristo. Las Escrituras del Nuevo Testamento se corroboran por miles de manuscritos antiguos, muchos de los cuales datan de los primeros siglos después de Cristo. La afirmación popular de que los textos originales fueron alterados y corrompidos por hombres no se basa en los hechos. Ver *Un Dios Un Mensaje*, capítulo 3.

Escena 5: [4]Para una mirada más profunda de cómo se ven los atributos de Dios en los seis días de la creación, ver *Un Dios, Un Mensaje*, capítulo 8.

Escena 6: [5]Puesto que Dios es UNO, ¿por qué dice "HAGAMOS al ser humano a NUESTRA imagen…"? La respuesta se encuentra en su unidad compleja. En las Escrituras, la palabra hebrea para "Dios" es *Elohim*, un sustantivo plural. La palabra para "uno" en la oración "Dios es uno" es *echad*, que puede indicar una unidad compuesta. En la eternidad, antes de crear a los ángeles o al hombre, Dios disfrutó de la comunión dentro de sí mismo (con su Verbo/Hijo y el Espíritu Santo). "Dios es grande y nosotros no lo conocemos" (el Profeta Job 36:26).

Escena 7: [6]Los mismos elementos químicos que componen el cuerpo están presentes en el polvo seco de la tierra. La ciencia no reconoció este hecho hasta hace poco. Mientras que la mayoría de los científicos basa su conocimiento en la observación y en las *teorías* (ideas de los hombres), el conocimiento de los que creen la Biblia se basa en la observación y en la *revelación* (la Palabra de Dios).

Escena 11: [7]Para leer más sobre el origen de Satanás, ver *Un Dios Un Mensaje*, capítulo 11.

Escena 16: [8]Si el lago de fuego, el lugar de castigo eterno, nos parece injusto o irracional, quizás es que aún no hemos comprendido la santidad absoluta de Dios, la naturaleza eterna del hombre, la gravedad del pecado y el concepto de eternidad. La sola palabra *eternidad* sobrecarga nuestra capacidad mental, ya que nuestro marco de referencia es el tiempo. La eternidad es atemporal. El Dios que creó el tiempo no está atado a éste (2 Pedro 3:8-9). La eternidad no se compone de años. Considéralo como *un eterno ahora*. Cuando los pecadores entren a ese reino ineludible, comprenderán su lógica solemne.

Escena 17: [9]Rescatar (o redimir) significa *volver a comprar pagando el precio exigido*. En el capítulo 18 de *Un Dios Un Mensaje*, el autor ilustra este concepto con una historia de su infancia:

De niño en California, tuve una perrita. Yo le daba de comer, la cuidaba y jugaba con ella. Me seguía a todas partes y se emocionaba cuando regresaba de la escuela. Sin embargo, tenía un defecto: a veces se marchaba y deambulaba por el vecindario, aunque siempre volvía. Hasta que un día… regresé a casa de la escuela, pero mi perrita no estaba ahí para recibirme. Cuando llegó la hora de acostarme, aún no había aparecido. Al día siguiente, mi padre me sugirió que llamara al refugio local de animales, un lugar donde se cuida a los perros y gatos extraviados durante un tiempo limitado. Los animales que nadie viene a recuperar se sacrifican.

Llamé al refugio. Sí, tenían una perrita que coincidía con mi descripción. La habían recogido. Mi perrita era incapaz de salvarse a sí misma. Si no iba alguien en su rescate, sería sacrificada.

Fui al refugio. ¡Estaba a punto de recuperar a mi perrita! Pero el oficial en el mostrador me dijo que si quería recuperarla, debía pagar una multa porque era ilegal dejar a un perro suelto por la calle.

Pagué el precio exigido y la liberaron. ¡Qué contenta estaba de salir de esa jaula horrible y de regresar con quien la cuidaba! Había sido rescatada.

Esa experiencia de mi niñez de volver a comprar a mi perrita descarriada nos da una ligera idea de nuestra propia situación. Como pecadores rebeldes y condenados, no tenemos forma de rescatarnos a nosotros mismos del castigo de nuestro pecado, de la ley del pecado y de la muerte.

Necesitamos un Salvador que pueda pagar el precio del rescate.

Escena 23: [10]Es posible que Dios mostrara su aprobación por el sacrificio de Abel haciendo lo que hizo en los días de los profetas Moisés, Salomón y Elías: "De la presencia del SEÑOR salió un fuego, que consumió el holocausto y la grasa que estaban sobre el altar" (Levítico 9:24, 2 Crónicas 7:1, 1 Reyes 18:38).

Escenas 30 y 61: [11]Moria (Moriah) significa *Escogido del SEÑOR*. Es la región donde tiempo después se construyó Jerusalén. Hoy, el monte Moria (Moriah) es el lugar donde se erigió en su día el templo de Salomón (2 Crónicas 3:1). No muy lejos, en la misma cordillera, está el "lugar llamado de la Calavera" (Lucas 23:33).

Escena 36: [12]La profecía cumplida distingue a la Biblia de todos los demás libros del mundo. Las predicciones de los profetas sobre eventos futuros, seguidas de su cumplimiento en la historia, es una forma en la que Dios ha validado su mensaje. Solo Dios puede anunciar "el fin desde el principio; desde los tiempos antiguos, lo que está por venir" (Isaías 46:10). Jesús el Mesías dijo: "Les digo esto ahora, antes de que suceda, para que cuando suceda crean que yo soy" (Juan 13:19). Ver *Un Dios, Un Mensaje*, capítulo 5.

Escena 41: [13]Cristo es la palabra griega equivalente a la palabra hebrea *Mesías*, que significa *El Escogido*.

[14]Las fechas de los eventos históricos se basan en el año del nacimiento de Jesucristo. Por ejemplo, el profeta Abraham nació alrededor de 2000 a.C. (2000 años antes de que Cristo naciera). Este libro se escribió en 2011 d.C. (más de 2000 años después del nacimiento de Cristo). Muchos hoy usan a.e.c. (Antes de la Era Común) y e.c. (Era Común) para eliminar a Cristo de la abreviatura, pero el punto divisorio de la historia sigue siendo el nacimiento de Jesucristo.

Escena 43: [15]"¿No es acaso el carpintero, el hijo de María y hermano de Jacobo, de José, de Judas y de Simón? ¿No están sus hermanas aquí con nosotros? Y se escandalizaban a causa de él" (Marcos 6:3). Como José no era el padre biológico de Jesús, Jesús tenía parentesco con sus hermanos por parte de su madre. Jesús era Hijo de Dios e Hijo del Hombre. Ver nota final 19 (Escena 52).

Escenas 43 y 58: [16]Cada año en la Pascua, los judíos recordaban un evento que había sucedido en los días de Moisés, cuando eran esclavos en Egipto. Sus ancestros habían sacrificado corderos y habían puesto la sangre en los marcos de las puertas, porque Dios había dicho: "Cuando yo vea la sangre, pasaré de largo" (Éxodo 12:13 NTV). A medianoche, el SEÑOR dio muerte al primogénito de cada hogar donde no hubiera sangre en los marcos de la puerta. Dios usó este evento para rescatar a su pueblo de 400 años de esclavitud.

Escena 45: [17]En este lado del cielo, nunca comprenderemos plenamente la tri-unidad de Dios. Después de todo, Él es DIOS. Sin embargo, algo que todos comprendemos es el concepto de algo que es tres, aunque sea uno. Nuestro mundo está lleno de unidades tres-en-uno: el TIEMPO: pasado, presente y futuro; el ESPACIO: longitud, anchura y altura; el HOMBRE: espíritu, alma y cuerpo; el ÁTOMO: electrones, protones y neutrones. Nuestro SOL también es una tri-unidad. Llamamos al cuerpo celeste *sol*; a su luz, *sol*; y a su calor, *sol*. Sin embargo el sol es *uno*. Así es con el SEÑOR, quien es el Padre eterno, el Hijo eterno y el Espíritu Santo eterno. Así como la luz y el calor proceden del sol, el Hijo (el Verbo) de Dios y el Espíritu Santo de Dios proceden de Dios, y sin embargo el SEÑOR "uno es" (Deuteronomio 6:4). Ver también Escena 4 y nota final 5 (Escena 6). Para leer más sobre la unidad compleja de Dios, y la naturaleza humana y divina de Jesús, ver *Un Dios, Un Mensaje* (capítulos 9 y 17). Mejor aún, ver el Evangelio de Juan.

Escena 47: [18]Mesías significa *el Escogido*, o de forma más literal, *el Ungido*. En tiempos antiguos en el Oriente, cuando se investía a un nuevo rey, un sacerdote o profeta derramaba un aceite especial de unción sobre su cabeza para demostrar que era el nuevo soberano del reino. Jesús no fue ungido por un hombre, sino por el Espíritu Santo (ver Escena 45).

Escena 52: [19]A menudo, Jesús se refería a sí mismo como el Hijo del Hombre. Siempre había sido el Hijo de Dios, pero se hizo el Hijo del Hombre. Como el Hijo de Dios, era el Verbo (la Palabra) que estaba con Dios en el principio (Juan 1:2; Génesis 1:3), pero como Hijo del Hombre, fue el Verbo que se hizo carne, el Escogido de Dios para ser el Salvador-Juez-Rey del mundo (Juan 1:14; Daniel 7:13-14).

Escena 56: [20]Los fariseos eran miembros de una secta judía muy celosa. Algunos oraban seis veces al día, ayunaban tres meses al año y daban el diez por ciento de sus ingresos a los pobres (Lucas 18:9-14). Sin embargo, todo era un ritual vacío. Eran religiosos, pero no conocían ni amaban a Dios.

Escena 68: [21]Para los que creen en el Señor Jesucristo, el bautismo es una forma de declarar su decisión de seguirle a Él. Sumergirse en el agua no quita el pecado. Simboliza la identificación de una persona con Jesús en su muerte, sepultura y resurrección. El bautismo de agua también representa el fin de la vida vieja y el comienzo de una nueva vida en Cristo.

[22]No muchos días después de haber ascendido el Hijo de Dios al cielo, el Espíritu de Dios bajó a vivir en el corazón de cada hombre, mujer y niño que creían el evangelio. El libro de Hechos en el Nuevo Testamento registra la historia emocionante de cómo el Espíritu Santo dio poder a los discípulos para reflejar el carácter de Jesús y dar a conocer su mensaje entre las naciones. El camino de salvación de Dios no ha cambiado. Si tomas la decisión de creer su mensaje —que eres un pecador separado del Dios santo, incapaz de salvarte a ti mismo de la pena del pecado, y que Jesucristo llevó tu castigo en la cruz, fue sepultado y resucitó de los muertos— tú también recibirás el regalo del Espíritu Santo. Eso significa que el mismísimo Rey del universo vendrá a vivir en tu corazón. Se convertirá en tu nuevo Dueño, Padre y Amigo. Las Escrituras dicen: "Y ahora ustedes… también han oído la verdad, la Buena Noticia de que Dios los salva. Además, cuando creyeron en Cristo, Dios los identificó como suyos al darles el Espíritu Santo, el cual había prometido tiempo atrás. El Espíritu es la garantía que tenemos de parte de Dios de que nos dará la herencia que nos prometió y de que nos ha comprado para que seamos su pueblo. Dios hizo todo esto para que nosotros le diéramos gloria y alabanza" (Efesios 1:13-14, NTV). Dios es un Rey grande y maravilloso, y va a tener una familia grande y maravillosa con Él durante la eternidad. ¿Estarás allí?

Un Dios Un Mensaje
Para profundizar en el tema

I gual que *Rey de gloria*, el libro *Un Dios, Un mensaje* te lleva de viaje a través de las Escrituras de los profetas, pero de una manera más profunda al comparar el mensaje de la Biblia con otras cosmovisiones. Las preguntas que quedan sin respuesta en *Rey de gloria* (debido a las limitaciones del espacio y un público más juvenil), se contestan en *Un Dios, Un mensaje*.

Mientras que se necesitan menos de tres horas para leer *Rey de gloria* en voz alta, se necesitan unas doce para leer *Un Dios, Un mensaje*.

Al entrelazar experiencias personales, correos electrónicos de escépticos y una narración fresca de la historia más contada de todos los tiempos, este libro ofrece un marco para volver a pensar sobre las grandes preguntas de la vida.

- Autor: P. D. Bramsen
- Ilustrador: D. C. Bramsen
- Editorial: ROCK International y Editorial Portavoz
- ISBN 978-0-8254-1228-8
- 418 páginas
- Más de 30 ilustraciones
- Guía de estudio con 150 preguntas
- 271 notas finales
- Descargas gratuitas en árabe, albanés, chino, inglés, farsi, francés, ruso, español, turco, urdu, indonesio…
www.one-god-one-message.com

Este libro es una mina de verdades. El estilo de escritura es único y está lleno de interés humano.
>   —William MacDonald, autor del *Comentario bíblico de William MacDonald* y otros 80 libros

Los extractos de correos electrónicos le aseguran al lector que el autor no rehúye las preguntas difíciles.
>   —Vaughan, estudiante de medicina de Sudáfrica

Se lee como una historia policiaca, y en un sentido lo es.
>   —Theo, lector en Canadá

Después de leer este libro, la lógica de la Biblia cobra sentido y queda clara en mi mente. Eso ha despertado un interés en mí de leer la Biblia.
>   —Mohamed, corresponsal en el Oriente Medio